天下文化
BELIEVE IN READING

躁鬱之心

一位躁鬱症女精神醫師的回憶錄

AN UNQUIET MIND

A Memoir of Moods and Madness

凱・傑米森 Kay Redfield Jamison——著

李欣容——譯

BLH121

目次

Part Three
愛情的滋味

Part Four
躁鬱之心

各界推薦

曾經在牛津版《躁鬱症》一書，對其中一章探討該病和領導能力與創造力之關係，感到印象深刻；直到《躁鬱之心》出版，才知道這位著名的女精神醫學教授，原來也是躁鬱患者。做為一位精神醫學界的國際知名學者，她其實是可以不用說出自己的種種隱私，而避開各種質疑或同情的眼神；只是，她做到了，而且是以赤裸裸的坦誠做到的。

——王浩威／精神科醫師、作家

心理健康的人，有三項條件，其中之一便是承認自己有麻煩，吐露真情，懂得面對。同為臨床心理工作者，我覺得作者的勇氣可嘉。它提供一般人一種「自我心理治療」的新觀念。衝破幽暗，迎接靈醒，別忘了還有一帖重要且有效的藥，它的名字叫「自己」。

——游乾桂／心理師、作家

從第一頁起，我便為這本書深深地吸引。《躁鬱之心》所透露出的勇氣、智慧與美妙，使其在躁鬱症方面的文學作品中，獨樹一格。

——奧利佛．薩克斯／神經科醫師、作家

一個充滿勇氣的靈魂，不斷來回於高度亢奮和麻木境地的低潮之間……本書對此做了最栩栩如生的描繪。

——吉姆．華生／諾貝爾醫學獎得主、《解密雙螺旋》作者

哀傷而情感細緻……

——歐普拉雜誌

這是一本極具價值的躁鬱症回憶錄，同時有著豐富的醫學知識、深沉的人性，以及優美的寫作技巧……有時像詩，有時直率，但永遠是誠實無欺的。

——《紐約時報》書評

傑米森坦白地以她的疾病、她的生命，以及她的聰明才智，傳達其中的歡愉和憤怒……確實傑出無比！

——《華盛頓郵報》書評

激起了詩般神祕的觸動……一本勇敢且迷人的書，也是一位傑出女性生命中動人的一段。

——倫敦《每日電訊報》

動人的、誠實的、感人的、流動的、感知的，而且經常是滿懷熱情的。

——威爾．沙爾夫／倫敦《觀察者報》

非常令人驚喜地，作者避開了深奧的專業術語，釐清了令人難懂的精神病學理論與實務，以熾熱、感性及真實，創造出心理經驗的毀滅與得意、明亮與晦暗。

——倫敦《泰晤士報》

詩樣的筆調，動人的情緒……一個受完整訓練的專家，對於精神疾病獨特而具洞察力的自我剖析。

——《時代雜誌》

完全地坦承……傑米森文學式的告白，是「勇氣」的最佳標竿。

——《時人雜誌》

這是我讀過有關情緒方面最受感動的一本書。

——威廉·斯費爾《紐約時報雜誌》

卓然出眾……《躁鬱之心》值得一讀！

——《新英格蘭醫學月刊》

作者序

寫於《躁鬱之心》出版十五年後

凱・傑米森
寫於二〇一一年一月

十五年前，我寫了一本書，講述我與躁症和憂鬱症的纏鬥：我曾自殺未遂，而且違反理智，拒絕服用讓我保持神智的藥物。從很多方面來看，這本書都很黑暗，反映了嚴重躁鬱症的殘酷現實，然而同時也是一本關於愛、歡笑、親友如何讓我得到救贖，我也記錄了一位醫術精湛醫師的療癒奇蹟。

《躁鬱之心》是我的肺腑之音。我從十七歲開始，就飽受躁鬱症（雙相情緒障礙）的折磨，多年後才接受治療，和很多罹患精神疾病的人一樣遭遇很多困難。我希望這本書能幫助被類似問題折磨的人。從古至今，已有很多人描述過躁鬱症，包括公元前五百年的希波克拉底。由於我還在治療病人和研究躁鬱症，我想我對這種病症的描述也許可提供一個有點不同的視角。

我不知道《躁鬱之心》一旦面世，對我個人和我的工作會有什麼樣的影響。我只知道，一間頂尖醫學院的精神醫學教授寫這樣的一本書，更會引發各界譁然。的確如此，此書出版後餘波盪漾，有些在我意料之中，有些則否。

我完全沒想到，《躁鬱之心》一書出版竟會有這麼大的迴響。我在約翰·霍普金斯醫院的同事和院長都極力支持我，毫不含糊地肯定我公開談論自己病情的決定，甚至表示，如果要有改變，去除精神疾病的汙名化，正是需要這樣的公開討論。

很多人的善良和慷慨令人感動，還有一些人的刻薄和不理性則讓人不安。精神疾病這個話題往往會引發人性中複雜的一面，也會激發深層的恐懼和偏見。我沒想到，有非常多人依然把精神疾病視為精神缺陷或是個性缺點。即使憂鬱症和躁鬱症的臨床研究已有進展，一般大眾對這種精神疾病的認知和了解依然落後。儘管我們已進入二十一世紀，這種停留在中古世紀的心態，實在令人驚懼。

然而，這本書的出版給我最深刻的印象是痛苦。在一個又一個簽書會的夜晚，讀者拿照片給我看——照片上的孩子、父母或配偶因憂鬱症或躁鬱症自殺身亡。我研究自殺與自殺相關疾病已經很多年了，好幾個朋友和同事都死於自殺，就連我自己也差點走上這條絕路。逝者已矣，誰知生者之痛？我不知道有多少人因失去親人而活在痛苦、自責和困惑之中。在我揭露自己的精神疾病和企圖自殺之前，我一直活在這種痛苦的邊緣，如今，我已深陷其中。於是我下一本書決定寫自殺，《夜，驟然而降》就是我來自內心的吶喊。這本書很難寫，但我不能不寫。那些死者的照片一直在我腦海中盤旋。

之後，我又寫了幾本書，每一本書都從不同的面向切入情緒的複雜及驚人的力量：情緒能大大地豐富人生，也能摧毀一個人。《熱情洋溢》就是在《夜，驟然而降》之後寫的，把焦點放在教學和領導的能量和熱情，指出熱情的火花對科學和藝術想像的不可或缺。寫《熱情洋溢》這本書對我而言是一種享受。原因顯而易見，這本書就像一劑補藥，給我滋潤，幫我消除多年來沉浸於自殺主題的痛苦。我當時覺得，與憂鬱、焦慮等病態狀況相比，熱情與活力顯然不受重視，現在還是這麼想。

我最近出版的一本書是《一切都已不再》。這本書是《躁鬱之心》的續作，我在我丈夫去世後寫的。當時我很難想像，失去了他，我要如何活下去。我和很多人一樣，發覺悲傷和憂鬱有一些令人困惑的相似之處，但也有本質的區分。這些差異就是我寫作此書的核心。這本書就是一首輓歌，講述疾病、死亡、愛與悲傷的修復力量。從很多方面來看，這是我對喜悅、絕望、人性的個人觀點。在我寫過的書當中，我最喜歡這一本。我很高興我把這本書寫出來了，但我不想再寫了。

對《躁鬱之心》我則有不同的感覺。我當然偶爾後悔寫了這本書，然而如果把這本書和其他很多人的著作和研究放在一起，能使世人對精神疾病有更深的了解，我還是樂意公開我個人的瘋狂經驗。

（本篇序文譯者：廖月娟，美國西雅圖華盛頓大學比較文學碩士。譯作包括《賈伯斯傳》、《狼廳》三部曲、《你要如何衡量你的人生？》、《旁觀者》、《目的與獲利》等百餘冊。）

前言

為什麼不說出真相？

凱・傑米森

凌晨兩點，在瘋子眼中，連加州大學洛杉磯分校醫學中心也顯得引人入勝。平常看來不過是一堆呆板建築物合成的冰冷醫院，在近二十年前的那個秋天凌晨，卻成為我與奮敏感的神經系統的焦點所在。所有感官高速運轉，雙眼熱切地四處張望，將身旁諸事巨細靡遺收入眼底。當時我正在奔跑，且不只是一般的跑步，而是在醫院停車場來回快速奔竄，希望耗盡無休無止的狂野精力。我跑得很快，逐漸步向瘋狂。

和我作伴的是一位醫學院同事，他在一小時前便停止了跑步，並不耐地表示他已筋疲力竭。神智清楚的人會認為這理所當然，但對我們兩個早已日夜不分的人而言，長時間的飲酒喧鬧、狂笑作樂，即使尚不致命，也已造成嚴重影響。我們原該正常作息、發表著作，而非自毀前程；我們原該閱讀雜誌、製作圖表、畫些沒人想看的科學曲線圖。

突然，一輛警車停了下來。儘管有些神智不清，我仍可以看到一名警察下了車，手放在他的佩槍上，問道：「你們兩個這個時候在停車場跑步幹什麼？」我僅憑七拼八湊的殘存判斷力也能理解，要解釋我們這樣的行為實在是件難事。還好我的同事腦筋動得比較快，運用直覺本能和世俗的刻板印象回答：「我們是精神病學系的教師。」警察看看我們，笑了笑，便上了巡邏車離開。

精神病學教師的身分使一切不言而喻。

接受加州大學洛杉磯分校聘請，擔任精神病學系的助理教授後，不到一個月，我已深陷瘋狂境地。當時是一九七四年，我二十八歲。之後不到三個月，我便因躁鬱症而判若兩人，並開始了一場漫長昂貴的抗拒用藥之戰。但幾年後，我卻極力鼓勵病人採取藥物治療。我的病史，及拒絕服用最終拯救我生命、恢復我神智的藥物的整個過程，說來話長。

自有記憶以來，我便極端地易為情緒所左右，但一般來說，這種感覺還不錯。兒時感情強烈，小女孩時性情多變，青春期則首度經歷了嚴重的憂鬱症；展開專業生涯後，我便被躁鬱症無情的週期循環緊緊纏身。由於本身需求及學術傾向，我選擇了研究情緒，這也是我所知唯一能了解並接受自己病症的途徑；也只有如此，我才能試著協助同樣身受情緒失調之苦的人。有幾次幾乎置我於死地的躁鬱症，實際上每年導致上萬人死亡，而大部分是無謂喪生的年輕人，其中許多更是社會上最具想像力及資賦優異的人。

中國人相信，要戰勝野獸前必須先美化牠。奇特的是，在對抗躁鬱症時，我嘗試的方法與此不謀而合。躁鬱症是個迷人但足以致命的敵人與同伴，複雜性深具誘惑力，濃縮了人性中最精緻及最危險的特質。為了和病魔抗爭，首先我必須認識它所有的面貌和無窮的偽裝，了解它真正及被想像出來的力量。起初我以為躁鬱症只是自己一向反覆無常的情緒、精力和熱度過了頭，所以有時可能對它太過寬宏大量；加上我相信能靠自身的力量來控制日漸加劇的情緒起伏，因此，最初十年我並未接受任何治療。即使情況惡化到迫切需要醫療時，我偶爾仍會拒絕服藥，儘管由所受訓練及臨床研究的專業知識，我知道服藥是對抗躁鬱症唯一的明智之舉。

我的躁症是一種令人無限陶醉的狀態，至少在早期溫和的躁症發作時是如此。它帶來極大的個人愉悅，使我思緒泉湧，精力源源不絕，所有的新想法都能化為一篇篇的報告和計畫。服藥不僅影響這些快速亢奮的時光，而且副作用令人難以忍受。我花了太久的時間才了解到，失去的歲月和人際關係已無法挽回；我對自己和他人所造成的傷害並非總能彌補；擺脫藥物束縛也失去其意義，因為，死亡和瘋狂是唯一之途。

我向自己宣戰的行為並不特殊，躁鬱症在臨床治療上最主要的問題不在於缺乏有效藥物，而在於病人通常不願服藥。更糟的是，由於相關資訊缺乏、用藥諮詢不佳、自覺羞恥或害怕影響生活及工作等因素作祟，病人根本不願尋求治療。但躁鬱症會扭曲情緒及思慮，引發可怕的行為，摧毀理性思考的基礎，而且往往磨蝕了生存意志。躁鬱症源於生理因素，而病人的感受卻是心理的，它所帶來的好處及愉悅獨一無二，但發病的痛苦卻令人無法忍受，且經常導致自殺。

幸運的是，我並未死於此病，而且能接受現有最好的醫療，同時擁有朋友、同事和家人的支持。因此，我盡可能嘗試以自己的患病經驗，來充實我個人的研究、教學、臨床工作及宣導活動。我希望藉由寫作及教學來告知同業，這種反覆無常疾病的核心，兼具毀滅和創造之矛盾特質。同時，藉由和許多人的合作，試著改變大眾對精神疾病，尤其是躁鬱症的態度。雖然，整合學術性的科學知識和本身情緒經驗的現實，有時並不容易；然而，正由於原始情緒及臨床科學客觀看法的結合，使我感受到終於獲得隨心所欲生活的自由，並且擁有必要的經驗，來嘗試增進大眾的認知，並輔助臨床工作。

寫作這本書，直言不諱地描述自己的躁鬱症和精神官能症病史，並承認仍須持續藥物治療，令我有些疑慮。由於執照及醫院聲譽等明顯因素，臨床醫師一向不願公開個人精神方面的問題。這樣的考量情有可原。我不知道如此開誠布公談論自己的病症，對個人及專業生涯有何長遠影響，但不論結果如何，總是比繼續保持緘默要好。

我已經厭倦了掩飾、浪費精力、假道學和無法光明正大行事。我就是我，即使有學位、職稱和形形色色的言語做為屏障，不誠實就是不誠實，或許有必要，但仍是欺騙。雖然對公開病情心懷憂慮，但罹患躁鬱症超過三十年的好處之一便是：沒有什麼困難是無法克服的，如同在奇沙比克灣[1]的狂風暴雨中穿越海灣大橋，只能向前走，卻不能回頭。我也在羅威爾[2]所提出的基本問題中得到慰藉，即是：「那麼，為什麼不說出真相呢？」

注釋

1 奇沙比克灣（the Chesapeake）為大西洋的一個海灣，位於美國維吉尼亞州和馬里蘭州之間，長達三百多公里。

2 羅伯．羅威爾（Robert Lowell, 1917-1977），美國詩人。曾參加六〇年代的反戰運動，詩集曾獲普立茲獎，內容多有強烈現實感。

Part One

——童年的天空

凌空翱翔，飛向無垠穹蒼；

高飛入雲，與日共遊。

與日共遊

父親是位空軍軍官，
熱愛飛翔，又是氣象學家，心神都在天上。
我直覺地了解到，
自己也是個熱愛無窮天空的人。

我仰頭站著，嘴裡咬著辮子，傾聽凌空而過的噴射機。超乎尋常的噪音顯示飛機距離很近。我就讀的小學正位於華盛頓郊外，離安德魯空軍基地不遠，許多同學都是飛行員的小孩，對飛機聲習以為常；雖然如此，其魔力仍絲毫不減。我下意識地抬頭，站在遊戲場中揮手，我當然知道飛行員看不到我，即使看見了，也不太可能會是我的父親。然而這是一種純屬個人的習慣，況且我喜歡一切能讓我望向天空的理由。

父親是空軍軍官，他主要是位科學家，然後才是飛行員。他熱愛飛翔，又是氣象學家，心神都在天上。而如同父親一樣，我向上看的時間遠超過向外看的時間。

飛向穹蒼

當我向他提到海軍和陸軍的歷史比空軍悠久，有更多傳統和軼事時，他表示同意。但空軍代表未來，而且他總會強調：空軍能飛。有時，在陳述過這些信念後，他會激昂地高唱空軍軍歌。直到如今，我還記得歌中片段，而荒謬的是，它居然和聖誕頌歌、童謠及一般祈禱書的隻字片語，並存在記憶中。這些記憶具有童年時期珍貴的意義和情感，至今仍能撼動心靈。

我聽著軍歌，並對其中理念深信不疑，當聽到「凌空翱翔，飛向無垠穹蒼」時，覺得「無垠」和「穹蒼」是自己聽過最奇妙的詞。同樣的，我也感受得到「高飛入雲，與日共遊」的雄心壯志，直覺了解到自己也是熱愛無窮天空的人。

噴射機的聲音更大了，我看到二年級班上同學突然抬頭看著疾掠而過的飛機，它飛得很低，幾乎要衝進遊戲場。大家嚇得擠成一團，眼睜睜看著飛機撞入樹叢，在我們面前轟然爆炸。墜機的慘烈，可由機體落地造成的震動及聲響感受出來，也可由其後令人心驚、持續甚久的美麗火焰目睹。不到幾分鐘，母親們紛紛前來安撫自己的孩子，告知墜機的不是他們的父親，對哥哥、姊姊和我而言，幸好也不是我們的父親。後來幾天，由這位年輕駕駛失事前和管制塔台的談話中，大家才了解，他原本可以跳傘脫困的，但他知道如此做的話，那架無人駕駛的飛機極有可能墜入遊戲場，造成小朋友傷亡。

失事飛行員於是成為英雄，為「責任」一詞的概念立下無比鮮明、幾近完美的典型，無人可及。正由於他人無法望其項背，而使整個事件更加令人折服且難以忘懷。多年來，墜機的記憶數次浮現腦中，提醒我崇高理念的需求和追求是多麼重要，而要成就這些理想卻困難重重，有時還須以身相殉。往後在看天空時，我不再只見其無盡和美麗，從那個下午開始，我了解死亡也在其間，而且一直如此。

我們像所有軍人家庭一樣經常遷徙，到了小學五年級，我和哥哥、姊姊已上過四所學校，住過佛羅里達、波多黎各、加州、東京和華盛頓（兩次）。不過父母，尤其是母親，總會設法保持家庭生活的安適溫暖與平穩常態。哥哥排行老大，個性也最穩健，是我忠誠的盟友，儘管我們之間相差了三歲之多。從小，他就是我的偶像，他和朋友出外打棒球或在附近閒晃時，我經常努力不落痕跡地跟著他進進出出。哥哥聰明公正、充滿自信，只要有他在，我就覺得身旁多了雙援手。

姊姊只比我大十三個月，但我們的關係卻比較複雜。她黑髮明眸，是家中的美人胚子，從很小開始，她就非常在意周遭人事。她極富魅力，脾氣火爆，情緒陰鬱多變，無法容忍保守的軍人生活，覺得如同囚籠困住全家。她隨己意生活，性格叛逆，隨時隨地都想掙脫束縛。她也討厭中學生活。我們住在華盛頓時，她經常蹺課，去史密斯博物館或陸軍醫學博物館，要不然就是和朋友抽菸、喝啤酒。

她對我心懷怨懟，嘲弄我是「那個金髮丫頭」，認為我這個妹妹總是不費吹灰之力就可以獲得友誼，成績良好，無憂無慮，對人和生活抱持著荒謬可笑的樂觀想法，藉此避開現實的衝擊。

哥哥是天生的運動員，大學和研究所入學考試也都表現得極為優異；我基本上喜愛念書，積極參與各項運動、交友，並投入班上活動；姊姊夾在中間，成為家中特立獨行的一員，抗拒她眼中殘酷艱困的世界。她痛恨軍隊生活，痛恨經常變動及必須結交新朋友，認為家人間以禮相待是裝模作樣。

也許因為我在較年長時，才開始和陰鬱的情緒奮力抗爭，因此有較長的時間去體驗溫和無害、感覺上充滿冒險刺激的奇妙世界，而這是姊姊未曾經歷過的。在漫長而重要的童年和青少年歲月中，我大都過得很快樂。這為我奠下了溫暖、友愛和信心的堅實根基，形成法力強大的護身符，並藉此積極有效地對抗未來的不快樂；而姊姊卻缺乏相同的快樂時光和堅強保護。也許因為如此，儘管我們都得和自己的心魔抗爭，姊姊便理所當然地認為，黑暗蟄伏心中，是自身、家庭及世界的一部分。而我則將其視為異類，無論黑暗後來在心中如何揮之不去，仍然只是一種與我天性衝突的外來勢力。

姊姊和父親一樣，活潑脫俗、機智過人、魅力無窮，且有美術設計的特殊天分。她並非平和穩定的人，問題也隨著年齡的增長而愈來愈多，但她擁有無窮的藝術想像力和心靈。她能先讓你心神激盪，再把你氣得火冒三丈。我總覺得，和她的亮麗火焰相比，自己平凡如塵土。

父親的魅力

父親常全神投入某事，渾然忘我、興高采烈、興味盎然，幾乎對每件事都充滿好奇，並能夠以歡欣獨到的話語形容自然世界的美景和物象。雪花不僅是雪花，雲也不僅是雲，它們幻化成種種情節和角色，是生動奇妙的井然宇宙的一部分。當事事順心、情緒高昂時，他的積極熱情感染了一切；家中樂聲飄揚，出現一些奇特的新首飾，如：迷人的月光石戒指、精緻的紅寶石手鐲，以及幽沉的海綠石鎦金墜子。大家都洗耳恭聽，知道不久後，父親就會詳細描述自己興之所至的最新發現。有時是將唐吉訶德的熱情激昂、深信世界的救贖，及未來就在磨坊之內，加以重新鋪述；有時則倡言三個小孩都必須學俄文，因為俄國詩歌難以言喻的美，只有在原文中才能充分體現。

有一次，父親讀到蕭伯納在遺囑中留下一筆錢發展拼音字母，同時特別指定他的劇本——《安卓克利斯和獅子》[1]為第一本翻譯成此套拼音字母的戲劇。於是，父親把這部劇本送給我們及他飛行途中遇見的每一個人。據家中流傳的說法，父親共訂購分送了將近一百本。

我愛父親那具感染魔力的豪爽奔放，而他朗誦安卓克利斯在治療獅子受傷的蹄時，士兵用「前進，基督教戰士們」的調子來唱「把他們丟去餵獅子」等情節，穿插著「拼音和國際語言重要性絕對不容置疑」的論述，現在想來仍忍俊不住。

直到今日，我的辦公室內還放著一隻陶製大黃蜂，它也常令我發笑。它讓我想到父親在裡面裝滿蜂蜜，在空中做各式飛行表演。最有趣也最受我們歡迎的是「苜蓿葉形」。當黃蜂翻轉飛行時，蜂蜜自然就濺灑在廚房桌上，母親只能說：「馬歇爾，別再玩了，你會教壞孩子。」我們嘻嘻哈哈表示贊同，父親則會繼續表演幾分鐘大黃蜂的飛行。

這真的令人陶醉，就像有保母包萍做父親一樣。多年後，他送我一條手鐲，刻著麥可．法拉第[2]的名言：「奇妙之事總可成真」。這句話也刻在加州大學洛杉磯分校物理系館。眾所周知，法拉第曾多次精神崩潰。

這句話也許有悖真實，但此種想法和情緒卻很有意思，父親在他的神奇時刻便可如此。母親曾多次表示，她總覺得自己活在父親機智、魅力、熱情和想像光芒的陰影下。她認為父親就像童話中蠱惑孩子的吹笛手，因為無論我們搬到哪裡，父親都能和我們的朋友及鄰近的孩子們打成一片；而母親則是我的朋友們最想坐下談心的對象。我們和父親玩在一起，向母親傾訴心聲。

母親的美德

母親堅決相信人生中真正重要的並非先天條件，而在於後天努力；她是上天賜與我最好的禮物。她仁慈、公平、慷慨，擁有的自信來自於具有同樣美德且深愛著她的雙親。外祖父在我出生前就去世了，他生前曾是大學教授及物理學家。據說他是個機智的人，對學生和同事均極為仁慈。我所熟知的外祖母，則是個溫暖體貼的人。和母親一樣，她對人懷著深刻而真誠的興趣，並轉化為廣納朋友的開闊胸懷，和讓人輕鬆自在、無拘無束的驚人能力。她總是把人放在首位，母親也是如此，從不會因為沒空或事情太多而態度輕忽，或拒絕幫忙。

外祖父大部分的閒暇時間都在讀書，而莎士比亞和馬克·吐溫的作品更是一讀再讀；外祖母則不是個知識型的人，她參加各種俱樂部。由於受人歡迎而且天生組織性強，不論參加哪個團體，她都毫無例外地當選主席。然而，她保守得令人驚訝；她是共和黨員，參加「美國革命之女」[3]組織，酷愛茶會——這些都令我父親退避三舍。她是位溫柔堅定的女性，穿著花裙，指甲保養得很好，餐桌布置完美，身上散發著花香皂的味道；她富有惻隱之心，是位非常好的外祖母。

母親高而纖細，非常漂亮，高中和大學時代都極受歡迎。相簿內的照片裡，她看來完全是個快樂的年輕女性，周遭圍繞著朋友，打網球、游泳、擊劍、騎馬、參加姊妹會活動，或總是一副英俊男友不斷的吉布森女孩[4]模樣。這些照片捕捉了另一個時空超乎尋常的純真無邪，母親在其間顯得非常自適，沒有風雨欲來的陰影，不見憂心忡忡或愁眉不展的臉孔，也沒有對內在黑暗的不安質疑。母親之所以相信人應該可以信賴某些可預期的事物，必是來自於這些相片中四平八穩的人事常軌，以及世代先人沉穩可靠、俯仰無愧、不屈不撓的家風。

幾世紀以來沉穩家風的傳承，並不足以使母親將離開雙親成家後的種種混亂和困難完全迎刃而解，但正因為她堅毅的沉穩、不屈不撓的信念，和愛人、學習、傾聽、改變的偉大能力，我才得以度過後來充滿痛苦的噩夢歲月。她絕未預期到和瘋狂交手是如此的艱難，也對如何處理毫無準備，我們都對此一無所知。但她所擁有的愛的能力和天生意志是不變的，她以同理心和智慧來面對我的躁鬱症，從未想過要放棄。

興之所至

雙親都非常鼓勵我投入寫詩和學校的戲劇表演，也樂見我對科學及醫學有興趣。他們從不局限我的夢想，能夠情理並重，分辨何者僅是過渡，何者是較認真的興趣。但即使是過渡的想法，他們也大多採取慈愛及富想像力的包容態度。

由於強烈的熱情性格，某次我竟堅決要養一隻樹獺做寵物。母親已盡可能容忍我養狗、貓、鳥、魚、烏龜、蜥蜴、青蛙、老鼠，因此對這個新點子沒什麼太大的意見；父親則鼓勵我對樹獺做一詳細完整的科學及文學報告。他建議，除了提供牠的飲食習慣、居住空間和醫療需求等實用資訊外，再寫一系列關於樹獺的詩，及牠們對我有何特殊意義的文章；設計牠們在家中的窩，仔細觀察牠們在動物園中的行為表現。如果我能完成上述作業，他和母親將考慮讓我養樹獺。

我確信他們當時都了解，我只是喜歡標新立異，如果有其他方式來表達這種熱情，便能令我心滿意足。當然他們是對的，尤其在國家動物園真正看到樹獺後，更產生了預期效果。我想，世界上比看樹獺更乏味的事，大概只有看板球，或是政治性電視台所播的眾議院撥款委員會開會；雖然我還未真正領教過後者。我十分慶幸能回到與狗為伴的平實世界，和樹獺相比，狗的複雜性幾乎和信奉牛頓學說的學者差不多。

不過我對醫學的興趣一直持續，父母也大力支持。在大約十二歲時，雙親就為我買了解剖器材、顯微鏡和一本《格雷解剖學》（*Gray's Anatomy*），雖然這本解剖學相當複雜難懂，不過卻讓我對想像中的醫學世界有了一些概念。地下室的桌球桌便是我的實驗室，我在那兒消磨了無數個下午，解剖青蛙、魚、蟲和烏龜，樂此不疲。直到選擇的解剖對象趨向高等動物，並獲得一隻豬胚胎後，小豬鼻和已發育完全的豬鬚終於令我倒盡胃口，從此遠離分屍動物。

週末，我志願在安德魯空軍醫院當護理師助手。醫師們曾送我手術刀、止血鉗及一些零星東西，有回還給我幾瓶血液，供我在家中進行實驗用。更重要的是，他們嚴肅看待我和我的興趣，雖然當時社會風氣認為女人只有當護理師的分，但他們從未勸我放棄學醫的念頭。他們帶我巡視病房，小手術時讓我在旁觀察，甚至協助。我仔細看他們拆線、更換敷藥、做腰椎穿刺，也拿著手術器械細看各種傷口，有一次還真的為病人腹部的傷口拆線。

我總會提早到醫院，很晚才離開，抱著書和滿腔疑問：當醫學系學生、接生嬰兒、與死亡為伍到底是什麼感覺？我對最後一點尤其深感興趣。因為某位醫師曾讓我參與解剖屍體的部分過程，那次經驗非常特別和可怕。

我站在鋼製解剖台旁，極力嘗試不去看那具瘦小裸露的童屍，卻無法做到。室內惡臭瀰漫，很長的一段時間，只有水聲和病理學家雙手的快速動作，能令我暫時分神。最後，為了轉移注意力，我回復平常本性，提出一連串的問題。得到答案後，還不斷追根究柢：為什麼要如此下刀？為什麼要戴手套？切下的組織送去哪裡？為什麼有些組織要秤重，有些卻不必？

起初我藉著問問題來逃避眼前可怕的景象，但不久之後，好奇心成為真正的驅動力。我集中心神發問，對屍體漸漸視若無睹。如同往後許多情況一樣，好奇心和個性傾向常令我陷入感情上無法承受的境地；但同樣的好奇心和科學頭腦，又形成距離和屏障，使我能控制情緒、轉移注意、省思並繼續前進。

瘋人世界

十五歲時，我和其他護理師助手到華府聖伊莉莎白聯邦精神病院參觀，那次經驗在本質上比參與驗屍更恐怖。大家在搭乘巴士前往的途中，都因緊張而刻意嬉鬧，說些極端幼稚傷人的話，徒然想要化解對未知及想像中瘋人世界的焦慮。我想，當時大家都害怕那種陌生感及可能發生的暴力，也擔心看到完全失控的病人會是何種情形。

「你會被關進聖伊莉莎白精神病院」是幼時嘲弄之語，我雖然沒有特別理由相信自己不太正常，但非理性的恐懼開始在心中亂竄；畢竟我的脾氣很壞，儘管極少發作，但一旦暴發，自己和暴風半徑周圍的人都會震驚不已。在正常行為的真實密封地帶，這是唯一的裂縫，而且令人憂心。只有上帝才知道嚴格要求自我規範和情緒控制教養下的暗流，此裂縫一直存在。我了解這點，並感到害怕。

醫院本身並不如想像中陰森，庭園廣大優美，滿布壯麗老樹，有幾處可盡收城市及河流景致於眼底。美觀的南北戰爭前建築，流露出美國南方的優雅情調，這曾是華盛頓不可或缺的一部分。但進入病房後，雅致建築及景觀形成的假象便消失殆盡，我們瞬間便陷入了瘋人世界的景象、聲音和氣味等可怖現實。

在安德魯空軍醫院，我習慣於醫療及手術病房內為數頗多的護理師，但帶領我們參觀的護理師卻表示，這裡每個精神護理師須負責九十個病人。我對一個人能控制那麼多有暴力傾向的病人感到不可思議，便問她工作人員如何保護自己，她回答說藥物能控制大部分病人，但偶爾必須將某些病人五花大綁。從此，一個人怎麼會失常到需要如此嚴酷限制的地步？便成為我心中縈繞不去的問題。

進入女子病房的娛樂室更可怕。我木然站在那裡，放眼四周淨是奇特的衣著、詭異的動作姿勢、焦躁的踱步、突兀的狂笑，以及偶爾出現、令人心碎的尖叫。一個女人像鸛鳥般單腳站立著，從我看見她，到離開病房時，她一直自顧自地痴笑。另一個從前必定相當美麗的病人站在娛樂室中央自言自語，不停地編結、拆散她的紅色長髮，同時以敏銳的目光注意任何想靠近她的人。起先我感到害怕，然而又被她吸引而覺得好奇，便慢慢地走向她，站在離她幾英尺的地方。幾分鐘後，我終於鼓起勇氣問她為何在此。這時，我由眼角餘光看到其他同伴已退到角落，彼此聊著天。我決定留在原地，因為好奇心已戰勝恐懼，取得上風。

那位病人深深注視我很久，然後轉向側面，避免和我目光相對，開始告訴我她在此的原因。她十五歲時，父母便在她的腦袋裡裝了彈球機，紅球指示她何時該笑；藍球指示她何時該保持沉默，避開他人；綠球指示她何時應該開始計算三的倍數。每隔幾天，一個銀球會出現，通過彈球機的大頭釘……，這時她轉頭注視我，大概是要看看我是否仍在聽她說話。我當然在聽，任何人都會想聽如此怪誕動人的故事。當我問她銀球代表什麼意義時，她專注地看著我，然後目光空茫，眼中一片死寂，縮回不知名的內在世界。我再也未能了解銀球的意義。

雖然深深著迷，但我更因精神病患的怪異言行而受到驚嚇，同時也害怕病房內似乎觸手可及的恐怖氣氛，更有甚者是那些女病人眼中流露的痛苦。我內在的一部分直覺地向外延伸，以某種奇特的方式感知了這痛苦，卻從未想過有一天攬鏡自照時，會在自己的雙眼中看見同樣的悲哀和瘋狂。

第二個家

青少年時期，父母及安德魯醫院的醫師們，甚至父母的許多朋友都不遺餘力鼓勵我發展對科學及醫學的興趣，這是我深自慶幸的。通常空軍氣象服務隊的眷屬會被派駐在相同的軍事基地，其中有一家和我們特別有緣。兩家交往密切，經常一同野餐、度假、共同請保母、相邀看電影、吃晚餐、參加軍官俱樂部舞會。孩提時期，哥哥、姊姊、我和他們的三個兒子一起玩捉迷藏；年紀稍長後，一起打壘球、上舞蹈課、參加保守或略微狂野的舞會；到了長大成人才分道揚鑣，各奔前程。

在華盛頓及東京的童年時光，大家幾乎形影不離，之後再回到華盛頓時，情形也是如此。他們的母親是愛爾蘭天主教徒，紅髮，熱情風趣、實際獨立、性格剛烈，待我如親生子女。我常在他們家進進出出，在那裡呼吸派和餅乾的香味，享受溫暖歡樂的氣氛和交談幾小時的樂趣，就像自己家一樣。她和母親是最要好的朋友，讓我覺得自己就好像是她的另一個女兒。

她本身擔任護理師，常仔細聆聽我滔滔不絕地敘述未來就讀醫學院及寫作、研究等偉大的計畫，並不時提出看法：「不錯，這很有意思。」「你絕對有能力做到。」及「你有沒有考慮過……」，從未潑冷水說：「我認為這不切實際。」或「你為什麼不放慢腳步，靜觀其變。」

她身兼數學家及天文學家的先生也是如此，總是非常詳細地詢問我最近的研究計畫、所看的書、解剖的動物及解剖動機。他和我討論科學、醫學，態度非常認真，鼓勵我盡己所能，實現所有的計畫和夢想。他像父親一樣深愛自然科學，常詳盡鋪敘物理、哲學和數學各個領域，一如醋勁十足的情婦，需要學習者投注完全的熱情和注意力。往後經歷了其他人告訴我降低眼界，或抑制熱情等洩氣的過程後，現在回顧起來，才能真正感念父母和他們的朋友認真看待我理想的心意。同時也真正明白，想法和熱情獲得尊重加上積極鼓勵，對我的學習和感情發展何等重要。熱情激昂的性格最易被冷嘲熱諷刺傷，我比自己原來所知的更幸運，因為成長過程中，周圍都是積極熱情的人。

白手套與寬邊帽

我幾乎可說是心滿意足。擁有要好的朋友，生活圓滿，充滿活力，游泳、騎馬、壘球、舞會、男友，在奇沙比克灣度過漫漫夏日，迎接繽紛生命的開始。即使過著這樣的生活，我們仍逐漸醒悟到，一個性格強，又有些反覆無常的女孩，處於傳統軍人的世界中會是何種滋味。性格獨立的女孩，和正式舞會這樣奇特的場合是非常格格不入的。在海軍正式舞會中，軍官子女們應學習講究的禮節、舞蹈、戴白手套，以及其他不實際的事情。同時，儘管我們在成長的十四、五年間已痛苦地認清現實，我們仍須從中學習：將軍的階級高於上校，因此自然也在少校、上尉、中尉及所有人之上；而所有人的地位都比小孩高，孩子們彼此之間，男孩的地位又高於女孩。

將這種極端惱人的尊卑制度灌輸給年輕女孩的方式之一，便是教授荒謬老式的行禮儀節。任何人只要神智清楚便會了解，此種行禮方式令人難以忍受。而在行事觀點一向不同流俗的父親的自由教養下長大，我無法想像有人會真的要求我如此做。看著排成一列、蓬裙搖曳的女孩們，在我之前一個個行禮如儀，心裡不斷暗想：懦夫、懦夫、懦夫。

許多時候女孩被要求忍氣吞聲。更令人氣憤的是，多數情況下，女孩們自願被套上屈服的枷鎖。輪到我時，我已覺怒火中燒。我拒絕如此。這在其他地方也許是微不足道的事，但在軍人的慣例及禮儀中，象徵及服從代表一切。孩子行為不當，可能會危及父親升遷機會。我的行為等於是公然向權威挑戰，無論大人的要求多麼荒唐，拒絕服從就是不行。

舞蹈老師康瑞小姐對我怒目而視，當我再度拒絕就範，她說她確信傑米森上校必會相當震怒，我則反駁說上校才不會在乎這種事。但我錯了，由事後發展看來，父親對此事顯然頗為介意。雖然他認為教女孩們向軍官及其夫人屈膝行禮，確實相當荒謬，他卻不容許我對人粗魯不敬。後來我道了歉，也和父親商討出一種折衷方式，由父親精心調教而成，只要膝蓋微彎，身體微屈即可。這也是個典型例子，顯示出父親巧妙化解本質上棘手局面的能力。

雖然討厭鞠躬，但我對優雅的軍禮服、舞蹈樂聲及美麗的舞會卻情有獨鍾，無論多麼想要獨立自主，我仍會為傳統世界所吸引。生活在藩籬保護的軍人世界中，給人奇妙的安全感，須執行的任務很明確，極少推託藉口。軍人這個團體真正相信公平競爭、榮譽、體能勇氣，同時願意為國殉身。沒錯，投身軍旅需要某種程度的忠誠，但軍中也勢必容納了許多性格強烈、滿懷理想、不畏冒險犯難的年輕人。同時，軍中也包容了一批離經叛道的科學家，其中許多是氣象學家，他們熱愛天空的程度和飛行員不相上下。

應該的。

飛行員之妻

軍人社會構築於浪漫和紀律形成的張力之間，是個充滿刺激、徒勞、步調快速和猝死的複雜世界，提供了回顧十九世紀生活好壞兩極景況的窗口：開放、優雅、名流，但非常不能容忍性格弱點；自願放棄個人欲求是必要的，自我管理及克己是應該的。

母親有一次告訴我，她參加了父親指揮官夫人所舉行的茶敘。這位夫人和所邀請的女客一樣，都是飛行員之妻，她部分責任在於指導這些年輕太太們各種禮節，如怎樣舉行晚宴，並鼓勵她們參加空軍基地內的活動。討論這些事項後，她切入正題說道，駕駛員飛行時絕不能生氣或煩躁，憤怒會造成判斷錯誤或心神無法集中，引發飛行意外，造成駕駛死亡。因此飛行員妻子在先生出任務前，絕不可與他發生爭執。鎮靜沉著和自我克制不僅是女性令人喜愛的特質，而且絕對不可或缺。

後來提及此事，母親覺得每次先生出任務時，駕駛員妻子已經非常提心吊膽，而這樣的折磨似乎還不夠，現在又有人告訴你，如果先生的飛機墜毀，妻子也應負責任；為了避免憤怒和不滿產生殺傷力，為妻者應獨自承受這些情緒。軍中社會顯然比其他團體更重視行為檢點、彬彬有禮和性格穩定的女孩。

在那段白手套和寬邊帽的單純歲月中，如果有人告訴我，兩年內會罹患精神病，一心求死，我必定會覺得好笑。然而，當我逐漸習慣這些改變及矛盾，而且再度有在華盛頓落地生根的感覺時，父親從空軍退伍，在加州蘭德機構找到一份科學研究的工作。當時是一九六一年，我才十五歲，但我的世界已開始分崩離析。

加州新視界

我到太平洋帕利沙帝斯中學的第一天，已比一般學生晚了好幾個月，這對軍人子女而言不足為奇，但我初次領略到生活已和過去截然不同。開始是一成不變的轉學例行公事，站在滿是陌生人的教室內，以痛苦的三分鐘時間概述生平。以往，要向一班軍人子弟自我介紹已相當困難，此時要面對班上富有和厭膩享樂的南加州同學，更覺得荒謬絕倫。

當我提及父親曾是空軍軍官時，台下一片沉寂，我想，如果我說父親是一隻黑腳鼬鼠或雙峰駱駝，所產生的效果大概也不過如此。這間學校對家長的定義是：業界（即指電影業）人士、有錢人、公司律師、商人或極負盛名的醫師。在我畢恭畢敬回答老師：「是的，女士。」和「不，先生。」後，同學們隨之而起的笑聲，更加深我對所謂「老百姓學校」的認識。

很長一段時間，我茫然不知所措，非常想念華盛頓。我的男友在那兒，離開他令我抑鬱不樂。金髮藍眼的他風趣善舞，我離開華盛頓前幾個月，兩人幾乎形影不離。他引領我走出家門，初嘗獨立滋味，如同大多數十五歲的女孩一樣，我相信彼此的感情可天長地久。來到加州使我告別了充滿好友、近鄰和無數溫暖歡欣的生活；告別熟知熱愛的傳統和如家的華盛頓市，而離開自有記憶以來便置身其中的保守軍人生活，意義更加重大。從托嬰中心、幼稚園到大部分的小學時光，我都在空軍或陸軍基地度過；在馬里蘭州念的國中及高中，雖然不在基地內，但學生絕大部分都為軍人、聯邦政府及外交人員子女。那是一個溫暖、不具威脅，與外界隔絕的小世界。

而加州，或至少是這所中學，則顯得有些冷漠、華而不實。我幾乎一無所依。雖然過去頻繁的轉學經驗，讓我養成能和人打成一片的外向個性，表面上很快地能適應學校生活，並多了新朋友，但心裡卻非常難過，大部分時候都在哭泣或寫信給男友。

我忿恨父親不留在華盛頓，卻選擇到加州工作，鎮日苦等舊友的電話和書信。以前我曾是學生領袖，在參加的各種運動隊中均擔任隊長；而當時的學業競爭幾近於零，功課也很乏味老套，輕而易舉。

但新學校截然不同，我從未接觸過校內的任何運動，因此等了很長的時間才重新被視為運動好手。激烈的學業競爭令人煩憂，所修的每個科目都落在人後，而且不知何年何月才能迎頭趕上。事實上，我想我從未趕上。和許多聰明、具競爭力的同學共處著實令人興奮，但這種不如別人的新經驗卻讓我頗為沮喪。要承認自己在背景和能力上確有不足，並非易事，但我仍慢慢適應新學校，略微拉近學科差距，結交了新的朋友。

遠離過往

雖然這個新世界未能和我水乳交融，我卻已逐漸喜歡新的生活。一旦克服了最初的驚異，我覺得高中生活是個不同凡響的教育經驗，其中某些還得自於教室之內。新同學直言不諱的交談就令我著迷，每個人好像都有至少一位，甚至兩位、三位繼父母，這取決於父母的離婚次數，而且金錢完全不虞匱乏。許多朋友對性瞭若指掌，程度之廣可做為一項有趣的研究基礎，而我念大學的新男友則提供了「實務經驗」。

他是加州大學洛杉磯分校的學生，週末，我在該校藥學系擔任義工。他代表我那時心中渴求的一切：年紀較長、英俊，就讀醫學預科，為我痴狂，擁有自己的車，而且和前任男友一樣喜愛跳舞。我們的關係一直持續到我高中畢業，但現在看來，當時只是希望擺脫家庭和紛亂，而非認真的感情投入。

那時，我首度了解「祖先是英國新教徒的美國人」（WASP）所代表的意義。我自己也身為其中一分子。來加州前，我從未聽過這個詞。據我所理解，這代表守舊、頑固、嚴格、無幽默感、冷漠、不具魅力、枯躁乏味、缺乏令人驚喜的慧黠，然而除此之外，這樣的白種美國人還真讓人稱羨。

我始終覺得這是個奇特的概念，它在校內直接造成一些社交上的分立。日遊海邊，夜逛舞會的一羣人便傾向白種美國人世界；而另一羣較不拘小節，看起來疲憊不堪的人，則傾向追尋知識。我一直在這兩個世界間游移，大部分時候都能怡然自得，而原因並不相同。白種美國人世界是和過去相連，微妙而重要的一環，知識世界則成為我賴以生存的重要部分，為未來的學術生涯奠下堅實基礎。

過去已然遠離，軍人和華盛頓的安逸世界已成雲煙，事事皆已物換星移。哥哥在我們搬到加州之前便去念大學，使我的安全保護網產生了一個巨大的空洞。和姊姊一向感情不睦，現在最佳狀況是相互敵視，發生小爭執，而最普遍的情形是疏離。她在適應加州的過程中，比我遭遇更多困擾，但我們很少互相傾吐，幾乎總是各行其道，而兩人截然不同的發展就像從未住在一起的陌生人。

父母雖然仍住在一起，卻已貌合神離。母親忙著教書、照顧一家大小，同時就讀研究所。父親為科學研究工作纏身，偶爾仍會情緒高昂，歡悅和活力泉源而出，使整間房子充滿光芒、溫暖和喜樂。但他不時踰越理性分際的浮誇想法，已逐漸超過蘭德機構所能容忍的限度。例如，某次他提出一項方案，設定幾百個人的智商，其中絕大部分都是已經去世的人。他的推論雖極為巧妙，但卻是令人不安的自說自話，而且和他支薪負責的氣象研究毫不相干。

陰鬱的父親

父親逐漸開始遁逃，情緒日益陰鬱，快樂時光中四處飛揚的音樂已被沮喪的陰霾所取代。搬到加州將近一年時，父親的情緒更加低落，我卻無能為力。我一直期待重見父親的歡笑、高昂情緒及撼人的熱情，卻都只是曇花一現，代之而起的是憤怒、絕望和冷漠退縮；一段時間後，我幾乎認不出他本來的面目。有時父親因為憂鬱症而無力行動，鎮日臥床，對生命和未來都極度悲觀；其他時候，我則對他的狂怒和尖叫感到恐懼。父親一向是個聲音柔和、性格溫善的人，我從未聽過他大聲說話，此時我經常好幾天，甚至好幾週都害怕吃早餐或放學回家時，必須和他碰面。

父親也開始酗酒，使事態更形惡化。母親和我一樣困惑害怕，我們都逐漸藉著工作和朋友尋求解脫。我花很多時間和狗在一起，牠是我們在華盛頓時收容的流浪小狗，我們常一同進出，形影不離。晚上，牠睡在我的床上，聽我訴苦幾個小時。和大部分的狗一樣，牠是個絕佳聽眾，許多夜晚，我抱著牠的脖子哭著入睡。當時，全靠小狗、男友和一些新朋友助我一臂之力，我才得以撐過家庭的紛亂。

然而我很快發現，陰鬱不安的情緒不只出現在父親和姊姊身上。十六、七歲時，我開始了解自己的精力和熱情會讓周遭的人筋疲力盡，而連續幾週神采飛揚、睡眠極少後，思緒便會完全逆轉，陷入生命中最為陰森低沉的角落。我最要好的兩個朋友都是男生。他們頗具吸引力，喜愛嘲諷，個性強烈，也有些陰鬱傾向，偶爾我們會成為「灰色三人組」，但我們仍會設法過著追求歡笑的正常高中生活。事實上，我們三人都在校內擔任學生幹部，活躍於運動及其他課外活動中。

除了較無憂無慮的學校生活外，我們在校外也緊密相連，來往頻繁，共同歡笑，認真相待，一起喝酒抽菸，熬夜玩「老實說」遊戲。我們熱烈討論人生的方向、死亡的途徑及原因，聽貝多芬、莫札特和舒曼的音樂，我們自己選出赫塞、拜倫、梅爾維爾及哈代（Thomas Hardy）等人的作品，滔滔不絕地辯論一些和憂鬱及存在相關的書籍。我們三人陰鬱混亂的情緒都其來有自：其中兩個人的直系近親中，有人罹患躁鬱症；另一人的母親則舉槍射擊心臟死亡。雖然後來仍須獨力承受痛苦，但我們共同體驗了其開端，而「後來」非我所願地早早地降臨了。

初逢躁鬱

高三，我首度遭受躁鬱症襲擊，從發病開始，我迅速地喪失了理智。起先，每件事都幾乎不費吹灰之力，我像瘋狂的鼬鼠般馬不停蹄，滿腹計畫，熱情沸騰，沉溺於運動，徹夜不眠，日復一日和朋友出遊，閱讀尚未融會貫通的書籍，筆記本上塗滿詩作和戲劇片段，為未來訂下誇張而不切實際的計畫。世界充滿歡悅和希望，感覺非常美妙，簡直有如登天般快樂。我覺得可以做任何事，絕無任何力有未逮的難事。我的心智似乎洞澈清明，全神貫注，能夠憑直覺理解先前茫然不知的數學問題，而事實上，現在我仍弄不清那些問題。

當時每件事都能言之成理，契合奇妙的宇宙關聯性，這些自然法則的狂喜感受讓我雀躍三尺，常抓住朋友，告訴他們萬物之美。但他們聽了我洞察宇宙整體之美的卓見後，顯然並未產生同樣肅然起敬的感覺。反之，他們更深刻的感受是，我的激昂漫談令人疲累不已。凱，你說得太快了；凱，我聽累了；凱，慢一點。當他們沒有用言詞表達時，我仍能從他們眼中看出同樣的訊息：拜託，凱，你可不可以慢一點？

終於，我慢下來了，事實上，我重踩了緊急煞車。第一次的輕微躁症，不像幾年後嚴重的躁症期般狂野地扶搖直上，失神失控。它雖只是真正症狀的輕微縮版，但卻和之後數百次的高昂熱情一樣短促，並迅速油枯燈竭。我的朋友大概覺得很煩，我則氣力耗盡又欣喜若狂，但情況並未過火到令人不安。接著，不眠不休的精力開始從生活和心智中銷聲匿跡，思考不再清明透澈，反而變成一種折磨。我會不斷重複閱讀同樣的章節，卻對自己讀的內容毫無概念，看書或讀詩時也同樣抓不住其中意義。每件事都不對勁，我無法了解老師講課的內容，只能茫然看著窗外，不知道周圍發生什麼事。這種經驗非常可怕。

我的頭腦一向是我的最佳盟友。我能在其中進行滔滔不絕的對話，運用它所提供的歡樂和分析思考能力來脫離枯躁或痛苦的環境。我理所當然地仰賴其敏銳、趣味及忠誠，而現在它視我為寇讎，嘲弄那些乏善可陳的激情，取笑所有愚不可及的計畫，它不再覺得任何事新鮮有趣或深具價值。我無法集中思考，而且經常想到死亡。我已不久人世，任何事都無關緊要了；人生本就短暫無意義，何須苟活？我非常疲倦，早上幾乎無法起床，走到任何地方都要花上比平常多一倍的時間；每天重複穿著同樣的衣服，以免耗費太多精力做決定；我害怕和別人交談，盡可能躲避朋友，清晨和下午便在學校圖書館裡，頭腦僵硬，心如槁木死灰。

靈魂重創

每天早晨醒來都覺得筋疲力盡，這對原來的我而言是不可思議的。我也從未感覺人生乏味或生命毫不重要，但這些想法卻接踵而來。我深陷灰色黯淡的偏執中，死亡、瀕死和腐朽的陰影縈繞不去——萬物生下便注定死亡，不如早死早了，省去等待的痛苦。我抱著疲憊不堪的身心在當地墓園內徘徊，反覆思考葬於其間的人活過多少歲月。我坐在墳上寫著陰鬱病態的長詩，深信自己的身心正在腐爛，旁人只是心照不宣。在如此疲乏狀態中，間歇會出現狂亂恐怖的焦躁，再多的奔跑也無法舒緩。連續好幾個星期在早上上學前，我在柳橙汁內摻入伏特加，而且一心一意想要自殺。

由於我善於隱藏自己的感覺，外表仍一切如常，很少人注意到我的異狀，家人當然也一無所知。兩位朋友非常擔心，但當他們想和我父母說時，我要求他們發誓謹守祕密。有位老師注意到了，還有一位朋友的家長把我叫到一旁，問我是不是有心事，我不假思索地說了謊：「我很好，謝謝你的關心。」

我不知道自己在校內怎麼會被視為正常。原因可能是大家都被生活諸事纏身，無暇注意他人的絕望，尤其當他人刻意掩飾自身的痛苦時。我為了不引人注意所做的努力非比等閒。我知道自己有極嚴重的問題，卻不知究竟為何。而從小所受的家庭教育便是有問題得自己解決，因此，和朋友及家人保持心靈上的距離居然輕而易舉。雨果．伍爾夫[5]曾寫道：「老實說，我有時看來充滿歡笑、興高采烈，也能在眾人面前侃侃而談，彷彿我心中也感受到，上帝了解我內心的喜悅，但我的靈魂卻禁錮在死寂的沉睡中，而心靈的千處傷口也汩汩流出鮮血。」

我無法避免心智和感情遭到重創。我震驚於自己毫無能力了解周遭事物；體認到自己完全無法控制思緒；也意識到自己極度沮喪，只想自殺。這些打擊，使我的創傷經過幾個月的時間才開始慢慢癒合。現在回顧起來，仍對於自己能完全憑藉個人力量逃過一劫，感到非常驚訝。而且，高中本就充滿了極端複雜的生活，和觸手可及的死亡。那幾個月間，我驟然蒼老許多，就如同曾經如此失去自我、貼近死亡而遠離蔭蔽的人們一樣。

注釋

1 《安卓克利斯和獅子》（*Androcles and the Lion*），安卓克利斯為羅馬時代一名奴隸，因曾為獅子拔去腳上的刺，獅子心存感激，而在競技場上不願傷害他。

2 麥可·法拉第（Michael Faraday, 1791-1867），英國物理學家和化學家，發現電磁感應現象等。

3 美國革命之女（Daughters of the American Revolution），由美國獨立戰爭時期愛國者後裔所組成之團體。

4 吉布森女孩（Gibson girl），美國插畫家吉布森（Charles Dana Gibson, 1867-1944）所畫十九世紀末代表美國婦女的典型形象，故稱為吉布森女孩。

5 雨果・伍爾夫（Hugo Wolf, 1860-1903），奧地利作曲家。

校園青青

聖安德魯斯，一個雪會平行落下的地方。
我在念完兩年大學後，
遠離混亂不安的加州生活，
來到了蘇格蘭……

十八歲時，我心不甘情不願去念了加州大學洛杉磯分校。這不是我心目中的理想學府。多年來，我在首飾盒一角珍藏著父親所送的芝加哥大學別針。別針由紅色琺瑯和金質兩部分組成，中間有雅致的金鍊相連，美得無與倫比，我曾衷心希望有一天能名正言順地戴上它。另一個原因則是芝加哥大學一向以容忍，甚至鼓勵特立獨行而著稱，而且父親和曾是物理學家的外祖父也都畢業於芝加哥大學研究所。然而，家中的經濟狀況卻不允許我就讀該校，父親古怪的行為使他失去了蘭德公司的工作。朋友們紛紛前往哈佛、史丹佛或耶魯等私立名校，而我卻只能申請公立的加州大學，心中充滿失望苦澀。

我非常想離開加州，獨立自主，念規模較小的大學；但事實證明，加州大學才是上上之選。加州大學讓我接受卓越且自成一格的教育，獲得獨力研究的機會，提供性格狂烈之人一個寬廣的空間，使其得以盡情發展，而這可能只有大學校才負擔得起。但它卻無法提供任何有意義的保護，來抗拒我心中駭人的激盪和痛苦。

大學時光

大學時代對許多人而言，是生命中的黃金歲月，這樣的感受對我卻遙不可及。大部分的大學時光中，我都陷於恐怖掙扎，一再受制於狂暴可怕的情緒夢魘。其間偶爾夾雜幾週或數月的快樂時光，充滿積極熱情及愉快而富挑戰性的學習。起伏不斷的感情和精力變化自有其誘人之處，因為不時能重新體驗高中時那種令人陶醉的情緒。這些不同凡響的感受使我腦中妙思泉湧，而無窮的精力則使我產生能一一實現這些妙思的幻覺。我將平常的保守拋諸腦後，穿著低領短裙，享受年少的盎然春意。每件事幾乎都誇張過度，買一張貝多芬的交響曲不夠，我會買個九張；光修五門課不夠，我要選七門；買兩張音樂會入場券不夠，我得買個八張或十張。

大一的某天，走過學校植物園，凝望流經其間的小溪時，我忽然強烈地想起但尼生[1]《亞瑟王敘事詩》中關於「湖中仕女」的景象。為某種直接激烈的迫切感驅使，我立刻跑到書店去找這本書，也找到了，但在我離開學生中心的書店時，扛了至少二十本其他的書，有些和但尼生的詩相關，其他則與亞瑟王傳說有些若有似無的關聯，有些甚至毫無關係。我買了馬羅萊[2]的《亞瑟王之死》、懷特[3]的《永恆之王》、《金枝》[4]、《塞爾特國度》（*The Celtic Realms*）、《阿伯拉與哀綠綺思的情書》[5]、榮格[6]和格雷夫斯[7]的書，以及敘述崔斯坦和伊索德[8]的書，創世神話選集和蘇格蘭童話合集。

當時這些書似乎都息息相關，同時，將它們合而觀之，亦可尋出一些重要關鍵，來詮釋我心中狂亂編造的宇宙宏觀。圓桌武士的悲劇能夠使我們了解人性的一切——熱情、背叛、暴力、美善及渴望。我在心中不斷編排組合，確信自己能找出絕對的真理。當然，由於我洞察的包容性，買這堆書好像絕對必要，而它們之間也確有某種引人入勝的邏輯關聯；但由平凡的現實狀況考量，我實在無力負擔這樣的購物衝動。為了念大學，我每週要工作二十到三十小時，根本沒有餘錢來應付情緒高昂時激增的支出。不幸的是，經過數週意興風發後，情緒必然又陷入谷底，而此時我總會收到銀行的透支通知。

擱淺的心靈

和高三一樣，我的功課在動力十足期間好像簡單明瞭，在這種意興持續飛揚的數週內，實驗室研究及報告簡直不費吹灰之力。同時，我也會投身於不同的政治和社會活動，包括校園反戰活動，以及一些個人的狂熱行動，如抗議化妝品公司殺害海龜來製造販售美容產品。有一次，我以一小幅自繪的海報抗議當地百貨公司，上面畫著兩隻描繪得很拙劣的海龜沙沙作響爬越沙灘，上方掛著數點星光。我覺得這具有當頭棒喝的作用，提醒大眾海龜神奇的導航能力。圖的下方則用紅色大字寫著：「牠們為你的美貌賠上性命。」

然而白日總是會為黑夜所取代，我的情緒又墜入谷底。頭腦停滯不動，功課、交友、閱讀、閒盪和白日夢都無法引起我的興趣，而我卻渾然不知自己為何如此。早晨醒來時，又深怕須設法熬過漫長的一整天。我會在大學部圖書館內呆坐幾小時仍無法振作精神去上課，只能木然看著窗外和桌上的課本，把它們重新排列，擺在不同的位置，卻一頁也沒翻。我考慮乾脆輟學，就算真的去上課也毫無意義，而且痛苦不堪。我幾乎無法了解上課內容，覺得只有一死才能脫離排山倒海、揮之不去的無力感和幽暗。我非常孤立無援，尤其看到同學們生氣活躍地交談時，心中感觸更深。我不再接聽電話，不斷洗熱水澡，徒然希望能藉此逃離麻木陰鬱。

有時這種全然絕望的狀態會因可怕的焦慮而變本加厲。心裡狂亂地想著許多主題，但腦中不像思緒敏捷時一樣充滿豐富多采、上天入地的理念，反而沉陷在腐朽死亡的恐怖聲音及影像中：海灘上的死屍、動物燒焦的殘骸，以及停屍間內腳趾掛著牌子的屍體。在這種焦躁期，我會坐立不安、生氣易怒。唯一能夠緩解焦躁的便是沿著沙灘奔跑，或像動物園裡的北極熊一樣，在房內來回踱步。我不知道為何如此，又覺得要向他人求助非常難以啟齒。我從未想過自己大概病了，心中根本拒絕如此思考。然而，上「異常心理學」時，聽到關於憂鬱症的講授後，我終於到學生健康服務中心去，想要看精神醫師。

我走到診所外的樓梯間，就再也無法前進，只能坐在那兒，充滿恐懼和羞恥，無力進去也無法離開。我用手蒙著臉啜泣，一個多小時後才起身離去，再也沒回去過。最後憂鬱症自動消失，但這消失的短暫時間，只是為下一波襲擊動員力量罷了。

原創與瘋狂

在面對生命中的可怕遭遇時，我好像都能逢凶化吉，其中一次發生在大一。我選修了「人格理論」這門高級心理學，教授示範各種評估人格及認知結構的方法，課堂上，他拿了一張羅夏克墨漬測驗卡片，要求大家寫下個人反應。多年來凝視雲彩、追尋雲影的功夫終於有了表現機會。那天我的心智極為活躍，在與生俱來的敏銳神經帶領下，寫出一頁頁不尋常的反應。那堂課人數很多，每個人的回答都傳到前面，交給教授，他隨意選了一些來唸。進行到中途，我聽到一篇似曾相識的反應，才發現他正在唸我所寫的那篇，心中頓時充滿恐懼。我所寫的反應中有些幽默，但也存在些匪夷所思的怪誕，至少我個人有這種感覺。而班上大部分同學都哈哈大笑，我則低下頭看著自己的腳，深感羞愧。

當教授唸完我那份密密麻麻、字跡潦草的報告後，他請寫這篇獨特反應的同學課後留下，他希望能和他談談。我當時認為，教授想必已一眼看穿我可能精神錯亂，畢竟他是個心理學家，因此我心中非常忐忑不安。現在看來，我想實際上他可能認為這個學生個性強烈、意志堅定、頗嚴肅而且大概極度心神不寧。由於我對自己精神惡化的情況瞭如指掌，因此以為他同樣也能輕易看出我的問題的嚴重性。我想當時他並未察覺，但我不敢確定。

教授要我和他一起走回辦公室，當我開始想著被送進精神病院的景象時，他說他教了多年的書，從未看過如此富有「想像力」的羅夏克測驗反應。儘管某些人會覺得這根本就是精神失常的反應，他卻仁慈地稱之為具創造力。我第一次了解怪誕和原創思考間複雜相疊的交界，至今仍深深感念他所表現的學術包容，賦予我所寫的反應正面而非病態的色彩。

一個避風港

教授詢問我的背景，我便告訴他我是大一學生，未來希望能當醫師，目前正半工半讀。他指出，學校規定大一學生不能修他的課，因為這是開給大三、大四學生的課程；我說自己了解這一點，但這門課好像很有意思，而且校方的規定根本就是獨斷專行。他聽了哈哈大笑，我忽然體認到自己終於處在獨立自主、能獲得尊重的環境中，不再有康瑞小姐，也沒有人要求我必須行禮。教授說他的研究經費中，還有個實驗助理的職位，問我是否願意擔任。我當然求之不得，這表示我可以辭掉女裝店收帳員那份無聊透頂的工作，而且還可以學習如何做研究。

這個經驗非常美妙，我學習如何編碼及分析資料、寫作電腦程式、檢視研究文章、設計研讀計畫，撰寫用於發表的科學報告。教授研究的主題是人格架構，我對研究人的個別差異感到興趣盎然。我全神貫注投入工作，因為這不僅提供教育和收入，也是個避風港。

研究工作和令人無法喘息的上課作息截然不同，後者如同世界上其他時間表一樣，假定每個人的情緒和表現都恆常不變。而做研究時，我能安排獨立彈性的時間表來完成工作，因此非常高興。多數躁鬱症病人均有明顯週期性的行為及能力變化，這是大部分病患的生活基調，但此點卻不在校方人員的考慮之列。因此，我的大學成績單上，滿布不及格的分數和未完成的課目，幸好研究報告成績能平均這些令人沮喪的分數。大學時代，由於起伏不定的情緒和一再發生的嚴重憂鬱症，使我在個人及學業方面都付出了慘痛代價。

念完兩年大學後，我在二十歲時休學一年，遠離已成為生活一部分的混亂不安，到蘇格蘭聖安德魯斯大學（University of St. Andrews）就讀。哥哥和表哥當時在英國大學念書，希望我能到他們那裡，但我深受父親所愛的蘇格蘭音樂及詩歌影響，也為塞爾特人憂鬱及烈火兼具的民族性所吸引。這和我父親的蘇格蘭血統有關，儘管我同時希望遠離父親陰鬱難料的情緒，卻又不能全然遠離。我或多或少感知到如能尋根溯源，也許就能更加了解自己本身混亂的感覺和思考。我申請了聯邦獎學金，首度成為全職學生。於是，我離開了洛杉磯，展開早上和科學、晚上和音樂及詩歌為伍的一年。

我的老師說，聖安德魯斯是他所知雪會平行落下的唯一地方。他是位著名的神經生理學家，一個高度詼諧的約克夏人，和許多英國人一樣，相信無與倫比的好天氣在蘇格蘭鄉野開始之處便不存在了，更別奢談文明。就天氣而言，他倒並非無的放矢。古老灰牆的聖安德魯斯小鎮正在北海邊，晚秋和冬季時狂風吹襲，非身歷其境，無法體會。我當時已在蘇格蘭住了幾個月，早體會得頗有心得。小鎮的東沙一地，更是狂風怒號，而聖安德魯斯大學的海洋生物實驗室即建於此。

分解一隻蝗蟲

三年級動物學系的學生大約十名左右，大家坐在濕冷、充滿大型魚缸的實驗室內，裹著層層羊毛衣，戴著羊毛手套，全身發抖、齒牙打顫。老師對我出現在這些高級動物學的課堂中似乎比我自己還要疑惑。他研究大家公認為是動物界相當專門的學科——蝗蟲的聽覺神經。他是這方面的權威。在談到蘇格蘭的雪會平行落下之前，他已將我對動物學驚人的無知公諸眾人。

當時的實驗是要建立蝗蟲聽覺神經的電生理紀錄。同學們都專精科學研究多年，早就俐落地分解出需要的部位，開始記錄，我卻根本不曉得自己在做什麼。這當然逃不過老師的法眼，而我再度對學校安排我上這門高級科學研究感到不解。但我倒是完成了將蝗蟲從箱中拿出這個步驟（蝗蟲養在溫暖的昆蟲室內，我在裡面流連許久），並終於將蝗蟲分解為為翅膀、身體和頭。但這對我沒什麼太大的幫助。我感覺到老師高躰的身影在我後方，一轉頭便看見他臉上掛著嘲弄的微笑。他走到黑板前，畫了一隻看來是蝗蟲的東西，圈出頭的一部分，以刻意的腔調說：「傑米森小姐，為了讓您有所啟發，這兒……便是耳朵。」全班哄堂大笑，我也不例外，從此便坦然面對實在無法跟上進度的一年。

雖然如此，我卻獲益良多，學習過程也樂趣無窮。我對蝗蟲實驗所做的筆記，已反映出我在早期便了解所學的課程過於深奧。報告中詳述實驗方法後，我寫道：「由蝗蟲身上取下頭、翅膀和腿，切開後胸腹片，使氣囊露出，找到聽覺神經，並由中央切開，以阻斷大腦神經節反應……」然後，報告便以此作結：「由於對指示的誤解，而且對實驗本身大體上一無所知，故並未進行大範圍之音高測試。而等到吾人了解指示之時，聽覺器官已疲勞過度，實驗者亦然。」

不過研究無脊椎動物確實有好處，首先，和心理學大不相同的是，你可以大快朵頤實驗對象。由海中撈起、新鮮美味的龍蝦尤其受到歡迎，我們將龍蝦放在燒杯中，用本生燈烹煮，直到某位老師提醒我們：「有人注意到各位的實驗動物，晚上好像會自己從魚缸中溜出來。」才打住了我們在學校伙食外加餐的意圖。

再會蘇格蘭

這一年，我常穿越小鎮，漫步海邊，坐在城市古老廢墟間消磨幾個小時，沉思、寫作。反覆想像十二世紀大教堂當年的風貌，想像著眼前空盪的石砌窗櫺，當時必定鑲著炫麗的彩色玻璃，從不感厭倦。我同樣無法抗拒學校教堂的週日禮拜，它具有某種近乎原始儀式的吸引力。

教堂和學校都建於十五世紀早期，中世紀學習和宗教的傳統緊密相連，幽深玄妙。大學生穿著厚重的鮮紅長袍，明亮的色彩源自於一位早期蘇格蘭王的諭令：學生可能會對國家造成危險，必須易於辨識。這和小鎮的灰色建築形成強烈對比。走出教室，學生會走到小鎮碼頭，紅袍襯著海天陰沉色調，再度形成強烈對比。

這一直是個神祕的地方，盛載著點點滴滴的回憶：寒冷清朗的夜晚，男男女女穿戴上晚禮服、長手套、絲巾和蘇格蘭裙；穿著優雅及地絲袍的女士，肩披蘇格蘭格子呢；無數的正式舞會，享用鮭魚、火腿、新鮮獵物、雪莉酒、麥芽威士忌和波特酒的晚宴；亮眼的紅袍飄在騎腳踏車的學生背上、食堂及講堂內、花園中、春天的草地上；和蘇格蘭室友深夜唱歌談心；海邊小丘上綿延的水仙和藍鈴草；沿著黃色高潮岸邊的海草、岩石及笠貝；學期末富麗迷人的聖誕禮拜：穿著鮮紅長袍的大學生、穿著灰黑短袍的研究生、古老優美的頌歌、有著冠狀金鍊的吊燈、浮雕花紋的木質詩班座椅、同時以標準英國腔英語及略帶柔和抒情的蘇格蘭腔英語朗誦的經文。那個冬季深夜，走出教堂彷彿步入一個古老場景，紅袍映現白雪，鈴聲飄揚，滿月清光。

在聖安德魯斯時，我暫時忘卻了之前數年生活上所受的痛苦。大學時代，我一直試著擺脫無法解釋的困頓絕望，而聖安德魯斯的一年就像抵抗所有渴望及失意的護身符，一份認真保留、充滿歡樂的回憶。漫長的北海冬季至今仍是我生命中的暖暖陽春。

放棄醫科

我在二十一歲離開蘇格蘭，回到加州大學洛杉磯分校。情緒和周遭環境驟然轉變，生活步調更頓時大亂。雖然我試著重新安身於原來的世界和規律中，但卻困難重重。過去一年中，我不須每週工作二十或三十個小時來負擔個人生計，現在又得全力應付工作、課業、社交和紛亂的情緒。我的事業規畫也改變了，經過這段時間，我清楚了解到學醫之路窒礙難行，原因在於自己起伏不定的性格和焦慮不安的行為。尤其醫學院前兩年，上課時必須一次在課堂內坐好幾個小時，而我發現自己無法長時間固定不動，而且自修時效果最好，收穫遠超過在課堂內的學習。

我熱愛研究及寫作，想到念醫科必須受制於嚴苛的課程安排，心中便逐漸產生厭惡感。在聖安德魯斯時，我讀了威廉．詹姆斯[9]所著的《宗教經驗之種種》（*The Varieties of Religious Experience*），也是一個重要因素。讀了這本心理學經典之後，想要研究心理學的念頭便縈繞不去，尤其是研究性格的個別差異和情感表現的變化，如：情緒及強烈知覺。

同時，我也開始在另一位有研究獎助金的副教授那裡工作。他研究的是改變情緒的藥物，如迷幻藥（LSD）、大麻、古柯鹼、鴉片製劑、巴比妥鹽及安非他命等對心理及生理的影響。他特別感興趣的部分，在於為何有些人嗜用某類藥物，例如幻覺劑；而另一些人則對情緒抑制劑或亢奮劑上癮。我們兩人都為情緒變化的問題所吸引。

這位教授高大、害羞、聰慧，情緒也常快速而劇烈地變化。我最初擔任他的研究助理，後來成為他指導的博士班學生。我覺得和他共事是項特別的經驗，他極富創造力與好奇心，處事開明，對學術的要求嚴格而合理，非常仁慈地體諒我時起時落的情緒和注意力。我們彼此心有靈犀，卻很少明說，雖然有時我或他會把陰鬱的情緒問題拿出來討論。我的辦公室和他的相鄰，在我憂鬱時，他會問我感覺如何，說我看來很累，或是憂鬱，或是沮喪，然後問我他是否幫得上忙。

某天和他一起討論時，發覺我們都曾評量自己的情緒，希望找出情緒起伏的規則和原因。他用的是主觀的十分量表，介於「糟透了」和「棒極了」之間；而我所使用的評量標準則介於負3（動彈不得、全然絕望）和正3（興高采烈、活力充沛）之間。有時我們也會談到使用抗憂鬱藥物的可能性，但我們相當質疑藥物的效力，也唯恐會產生潛在的副作用。我們和許多憂鬱症患者一樣，似乎覺得自己的病源比實際情況更複雜，而且根源於個人存在的問題。抗憂鬱藥也許可用於精神病患，但只限於弱者，我們可不在其列。

這種態度的代價高昂，我們成為教養和傲氣的階下囚。儘管大學時期情緒起伏不定，炫目醉人的興奮期後總跟著憂鬱低潮，我仍感覺擔任他的研究助理就彷彿擁有了一處避風港。很多次，我無法面對世界，因而關掉辦公室內的燈光，埋頭睡覺。醒來時，肩膀上蓋著他的外套，電腦頂端寫著：「你很快就能恢復。」

和這位教授工作讓我獲得莫大的樂趣及學習機會。我從大一起便擔任另一位教授的助理，他較傾向數學分析研究，在那兒的工作也讓我很有成就感，再加上受到威廉．詹姆斯強烈的影響，以及自己性格的躁動不安，使我決定不進醫學院而攻讀心理學博士。加州大學洛杉磯分校至今仍是美國心理學研究所最佳的一個學校，因此，我申請入學，於一九七一年開始攻讀博士學位。

瘸腿愛馬

研究所讓我享受了大學時期錯過的樂趣。就某些方面而言，它是我在聖安德魯斯那段生命中的暖春時節之延續。由後來學得的客觀知識，我了解到當時自己不過是經歷了被冷漠平淡地稱之為緩解的過程。緩解經常出現在躁鬱症早期，它帶來一種舒緩的假象。病人如果不接受治療，躁鬱症仍會復發，情況則更加混亂恐怖。但當時我以為自己已恢復正常。那時，任何詞語、病名或概念，都無法說明我所經歷的情緒起伏之可怕。

剛念研究所時，我就決定要處理自己的情緒問題，這立刻成為要看精神醫師還是要買馬的選擇題。由於我認識的人幾乎都在看精神醫師，而且我堅決相信有辦法解決自己的問題，因此就買了匹馬。

我買的還不是普通的馬，這匹馬冥頑不靈，極端神經質，有點像馬中的伍迪・艾倫，只是不具娛樂價值。我起初想像的是「愛馬佛利卡」（*My Friend Flicka*）中的景象：我的馬遠遠就看到我，開始抖耳朵、熱切盼望、興奮嘶鳴，慢跑至我身邊，用鼻子磨蹭我的馬褲來討糖和胡蘿蔔。

可是我買的這匹馬卻是隻狂野焦躁、經常不良於行，卻又不夠聰明的動物。牠害怕蛇、人類、蜥蜴、狗和其他的馬，簡言之，害怕生命中十之八九會碰到的東西。牠害怕時，會用後腿站立，瘋狂地脫韁四處奔竄。但如果盡量往好處想，當我騎牠時，通常都會嚇得半死，不知憂鬱為何物；而當躁鬱症發作時，反正判斷力已蕩然無存，狂奔反倒和情緒配合得恰到好處。

不幸的是，買馬的決定不只瘋狂，而且愚蠢，我大可省去兌換的麻煩，直接餵牠吃我的公衛獎學金支票。我必須負擔訂做馬蹄鐵和食宿費用，獸醫還指定除正常飲食外，牠必須補充一種馬的營養麥片，價格遠超過一瓶好的梨子白蘭地。除此之外，還必須幫牠買特殊的矯正鞋，治療牠一直存在的跛腳問題。GUCCI 等名牌鞋的價格和矯正鞋比起來真是小巫見大巫，但矯正鞋的治療卻非常有限。在刻骨銘心地體會到為何會有人射殺馬販和馬匹後，我不得不承認自己只是個研究生，而非「窈窕淑女」中的杜里托博士。更一針見血的說法是，我既非梅隆（Mellon，美國金融家），也不是洛克斐勒，實在無力愛這匹馬。我把馬賣了，就如同賭徒放棄挑戰黑桃皇后一般，我終於開始出現在課堂上。

法國丈夫

研究所對我而言，不僅使我擺脫躁鬱症的糾纏，同時也讓我不再受限於大學極端的體制化教育。雖然我蹺了半數以上的課，但並無太大關係，只要最後有所表現，其間的過程反而是次要之事。那時我結了婚，嫁給一位法國畫家，他富有才華，而且非常仁慈溫柔。我們是在一九七〇年代早期，因為參加朋友舉行的午餐聚會而相遇的。那是個長髮、脫序、研究所緩召以及反越戰的時代，能碰到一個較為不同的人，我覺得很高興。他基本上不關心政治，非常聰明卻沒有學術氣，而且全心奉獻藝術。我們非常不同，卻很快便喜歡對方，也迅速發現兩人對繪畫、音樂和自然世界有共同的熱愛。

當時，我極度緊繃，瘦得像根竹竿。未陷入無法動彈的憂鬱時，心中充滿對多采生活、學術事業、婚姻及兒女成群的渴望。從當時的照片中，可以看到一個高䠷、溫柔、異常英俊的黑髮棕眼男人，外表總是大致相同；而他身旁伴著的一個二十五歲左右的女性，外表變化卻頗大。某些照片中開懷大笑，戴著鬆垮的帽子，長髮飛揚；另一些則憂心忡忡，若有所思，看來蒼老許多，穿著也同樣灰暗單調。我的頭髮也會隨情緒起伏而變化，我會把頭髮留長，直到「我醜得像隻癩蝦蟆」的情緒占據心中，覺得自己需要徹底改頭換面時，便把頭髮剪得很短。我的情緒、頭髮、衣服，每週、每月都在改變，而我的丈夫則沉穩固定，大部分時候，我們兩人的性格彼此互補。

相遇幾個月後，我們便一起住在近海的一間小房子內。生活十分安靜，充滿電影、朋友以及到大蘇爾、舊金山、優勝美地的旅行。婚姻的安定、好友的親近，以及研究所的學術自由度，都有效提供了良好的寧靜和屏障。

醫科學生症候群

我一開始研究的是實驗心理學，尤其偏向此領域中和生理學及數學較為相關的部分。但就在遇見我丈夫之前，我到倫敦莫德斯利醫院（Maudsley Hospital）做了數月的臨床研究，使我決定轉而研究臨床心理學，並對此領域逐漸產生個人及專業興趣。我原先的課程研究重點是在統計方法、生物學及實驗心理學上；現在則轉向精神藥理學、精神病學、臨床方法及心理治療。

精神病學即是對於精神疾病的科學研究，這引起我極大的興趣。看診不僅吸引人，而且在學術及個人能力上要求也頗高。儘管學會了如何臨床診斷，我心中仍未將自己經歷的問題和教科書中形容的躁鬱症扯上關係。醫科學生經常有一種症候群，總覺得會罹患自己所研究的疾病，但我卻奇怪地反其道而行。我滿懷喜悅地接受臨床訓練，而從未由任何醫學角度來思考自己的情緒起伏。現在回想起來，我仍不了解自己為何會如此無知地拒絕承認，儘管我曾注意到我在治療精神病患時，比其他同事更自在。

當時在臨床心理學及精神科住院醫師的訓練中，認為精神錯亂大都和思覺失調症有關，較少聯想到躁鬱症，而我也幾乎沒有正式學過情緒失調的問題。心理分析在當時仍居主導地位，因此開始治療病人的頭兩年，我的指導老師幾乎全是心理分析學家。心理治療的重點在於了解早年經驗和衝突，核心則是夢境、象徵及由二者衍生的詮釋。直到我開始在加州大學洛杉磯分校的神經精神病學研究院（UCLA Neuropsychiatric Institute）擔任實習醫師後，精神病理學才開始採取較偏向醫學的方法，重視診斷、症狀、疾病及醫療。

多年來，我和心理分析學家有許多意見相左之處，尤其一些心理分析者反對用藥物治療嚴重的情緒失調，漠視很早之前就有明顯證據顯示用鋰鹽和抗憂鬱劑的治療效果。關於這點我實在不能苟同。儘管如此，我早期所受的心理分析訓練，強調心理分析思考的某些方面，仍讓我受益匪淺。

隨著歲月流逝，我已將許多心理分析用語置之腦後，但當時所受的教育非常有趣，就像我一直無法了解為何非得要武斷地畫分「生物」精神病學和「機能」心理學，多此一舉只為了表示前者強調心理疾病的生理病因和藥物治療；後者則將重點放在早年發展問題、人格結構、衝突和動機，以及無意識思考之上。

心理測驗

走火入魔總是極為可笑，而缺乏批判性的想法會淪落到何等荒謬境地，更是匪夷所思。訓練的某階段中，我們必須學習如何實施不同的心理測驗，包括智力測驗，例如魏氏成人智力量表，以及人格測驗，如羅夏克測驗。我首先找我丈夫當練習對象。身為藝術家的他，自然在魏氏智力測驗的視覺能力部分獲得滿分，他還經常告訴我應如何安放積木。他的羅夏克測驗反應深具獨創性，也是我所見無人能及的。當他接受畫人像心理測驗時，我注意到他非常慎重其事，細膩緩慢地描繪了一幅我以為在表露心聲的自畫像，但當他拿給我看時，才知道他畫了隻精巧美妙的猿猴，長臂延伸至畫紙邊緣。

我認為這真是太奇妙了，並將三次測驗結果給我的心理測驗指導老師看。她是個毫無幽默感，信奉教條的心理分析家。她花了超過一個小時的時間，用最愚昧且純理論方式，解讀我丈夫原始壓抑的憤怒、內心衝突、矛盾情緒、反社會性格還有嚴重反常的人格結構。在我和現在已是前夫的他相處近二十五年的時間內，我知道他從未說謊欺騙，卻被她硬貼上精神變態的反社會者標籤。如此率直溫柔的人被她說成是嚴重反常、內心衝突和滿懷激憤的人，只因為他的測驗結果與眾不同，簡直太可笑了。如此荒謬的事讓我笑得無法控制，使她更加怒不可遏，引來更多負面的詮釋。我邊笑邊衝出她的辦公室，而且拒寫測驗報告，此點當然也被小題大作，詳加剖析。

我所受的情緒失調教育大多來自於博士前的臨床實習，當時我評估治療了為數頗多、形形色色的病人，也一併修完兩門副修科目，即精神藥物學和動物行為。我特別喜愛後者，修了心理系課程後，還多修了動物系開設的研究所課程，以彌補不足。動物系課程以水生哺乳動物生物學為重點，不僅包括海獺、海豹、海獅、鯨魚和海豚之生物學及自然發展史，也涉及動物奧祕，例如，海獅和鯨魚為了潛入海中，其循環系統所做出的調整，以及海豚的通訊系統。我喜愛這種純粹學習的樂趣，雖然與當時及現在的研究和工作都毫無關係，但卻是我在研究所修過最有趣的課程。

傑米森博士

資格考試結束了。我的博士研究是探討海洛因成癮的問題，完全缺乏啟發性，延伸自研究而撰寫的論文自然也同樣無趣。我花了兩個星期時間拚命將論文中的每一枝節塞進腦中，然後走進一個房間，裡面有五個面無表情的男人圍桌而坐。我坐下後，便開始接受嚴格考驗，一般客氣地稱之為博士口試，以軍事用語來形容則更適切，可名為捍衛自己的論文。

我曾和其中兩位教授工作多年，一個對我比較寬大，另一位則毫不留情，我想他大概只是想表現出自己的大公無私。其他三位精神藥物學家中，有一位尚未取得終身教職，覺得不得不讓我飽嘗苦頭，但其他兩位正教授顯然覺得他過分表現出自己對統計及研究設計的枝微末節相當精通，終於要求他停止如羅威那犬般狺狺不休的質問。

三個小時錯綜複雜的學術「演出」後，我捍衛自己論文的行為便告一段落。我踏出房間，站在走廊上，等待他們投票，忍受必經的痛苦時刻。再回房間時，看見的仍是幾個小時前面色似乎極為凝重且不友善的五個男人，不同的是，現在他們笑了，伸手和我相握，並向我道賀。我鬆了一口氣，心裡非常快樂。

學術世界中的儀式深奧難解，但自有其非常浪漫之處。寫作論文和博士口試的緊張不悅很快就被遺忘，我開始享受獲得學位後的各種美妙時刻：舉杯飲雪莉酒祝賀晉身博士之列、慶祝舞會、博士長袍、頒授學位儀式，以及第一次被稱「傑米森博士」而非「傑米森小姐」。

我被聘為加州大學洛杉磯分校精神病學系助理教授，有生以來第一次獲得好的停車位，也趕緊參加教授俱樂部，開始在學術界的「食物鏈」中力爭上游。我過了個燦爛輝煌的夏季。事實證實是太過輝煌燦爛了，我任教授不到三個月，精神已嚴重錯亂。

注釋

1 但尼生（Alfred Tennyson, 1809-1892），英國詩人，重視詩的形式、音韻及詞藻。重要詩作有《尤利西斯》、《亞瑟王敘事詩》（*Idylls of the King*）等。

2 馬羅萊（Thomas Malory, ?-1471），英國作家，《亞瑟王之死》（*Le Morte d'Arthur*）的編著者。作者於該書末聲稱，他於英王愛德華四世在位第九年（1469-1470）完成此書。

3 懷特（T. H. White, 1906-1964），英國作家，《永恆之王》（*The Once and Future King*）為其主要作品之一。

4《金枝》（*The Golden Bough*），作者為美國人類學家弗雷澤（James George Frazer, 1854-1941），他認為人類的思想方式，是由巫術、宗教發展而為科學。

5《阿伯拉與哀綠綺思的情書》（*The letters of Abelard and Héloïse*），哀綠綺思早年與其師法蘭西哲學家阿伯拉相戀私婚，生一子，後兩人被拆散，哀綠綺思遂退隱修道院。

6 榮格（Carl Gustav Jung, 1875-1961），瑞士心理學家、精神病理家，首創分析心理學。

7 格雷夫斯（Robert Graves, 1895-1985），英國詩人、小說家、評論家，曾任牛津大學詩歌教授。

8 崔斯坦和伊索德（Tristan and Isolde），崔斯坦為英國亞瑟王傳奇中著名的圓桌武士之一，因誤食愛情藥，與國王之妻伊索德相戀。

9 威廉·詹姆斯（William James, 1842-1910），美國哲學家、心理學家，實用主義者，機能心理學創始人。

Part Two

——我心狂野

我並非某天醒來後，發覺自己瘋了，

如果人生這般簡單就好了。

心靈磨難

儘管它醞釀了數週之久，
我也確切知道大事不妙，
但就在某個絕對的時刻，我知道自己瘋了。
曾經熟悉的事物已遙遠陌生……

躁鬱症有其獨樹一格的痛苦、欣悅、孤獨和恐怖。當你精神亢奮時，十足意興風發，想法和感情倏忽來去，如流星掠過，而你追隨其行蹤，直到發現更閃亮耀眼的新星。你不知害羞為何物，言談舉止都胸有成竹，吸引他人的力量更不在話下，連無趣的人也自有其趣味。心中春情蕩漾，渴望能放浪形骸，擁抱誘惑，自在、激情、力量、安康、欣快、財力無窮。但在此其間，世界轉變了，想法浮現得太快太多，排山倒海的困惑取代了清明的思慮，記憶遠走高飛，朋友臉上的幽默專注變成害怕和關切。原來凡事順流而下，現在則如逆水行舟，你變得易怒、氣憤、驚恐、無法自制，完全陷溺在心靈最幽暗的深穴中，你永遠不知它們的存在，因為瘋狂會構築它自己的現實。

同樣的過程不斷循環，到最後，人們記憶中只留下你詭異瘋狂、漫無目標的行徑。躁症至少還有一些優點，就是會遺忘部分記憶，但走過用藥、精神治療、絕望、沮喪和服藥過量後，人生所剩為何？只有那些似真似幻的感覺有待重整。是誰因為太客氣而未說出哪些話？誰知道哪些事？我做了什麼？原因何在？更揮之不去的是：它何時會重來？然後還有一些事物令你悲苦地想起自己的情況——吃藥後怨恨，然後忘了服用；再吃後仍然怨恨，又忘記服用，但總是要吃。信用卡被取消、跳票須償還、要向工作單位解釋、要向人致歉、斷斷續續的回憶（我到底做了什麼？）、友情絕裂或枯竭、婚姻無法挽回。

問題總是在那兒，它何時會重來？哪些感覺才是真的？哪個我才是真的我？是那個狂野、衝動、混亂、精力充沛而瘋狂的人？還是那個害怕、畏縮、絕望、想自殺、注定敗亡且疲倦不堪的人？或許兩者都略而有之，但希望絕大部分的我都沒有此二者存在。維吉尼亞．伍爾芙[1]在她浮浮沉沉的生命中說出了它的全貌：「我們的感覺有多少色彩來自沉潛的心靈底部？我是說，感覺的真實性到底為何？」

我並非某天醒來後發覺自己瘋了，如果人生這般簡單就好了。起先我逐漸感到生活和心靈的轉速不斷加快，直到我初任教職的那個夏天，它們終於如脫韁野馬般失去了控制。但從思緒敏捷到完全混亂間的過程卻緩慢美妙，引人入勝。開始時，一切看來完全正常。我在一九七四年七月加入精神病學系教授之列，被派至成人住院病房，負責臨床及教學任務。我必須督導精神科住院醫師及臨床心理實習醫師，審視他們的診斷技巧、實施心理測驗的過程，以及精神治療的方法。由於具有精神藥理學的背景，我也必須督導他們其他關於藥物試驗及用藥治療方面的問題。我同時又是精神病學系及麻醉學系之間的教員連絡人，因此我要負責諮詢協商、召開研討會、處理一些探討疼痛的心理學及醫學觀點之研究計畫。

我個人的研究主要是繼續撰寫研究所時即進行的一些藥物研究，而當時我對情緒失調的臨床工作或研究並無特殊興趣。一年多以來，我幾乎完全擺脫嚴重的情緒起伏，心裡以為問題已雨過天晴。然而，任何持續的正常期所帶來的希望都如鏡花水月，且幾乎無一例外。

我滿懷雄心和精力就任新職。我喜愛教書，雖然督導他人的臨床工作起初感覺有些奇怪，但不久我便樂在其中。從實習醫師變為助理教授沒有我想像中困難，當然其中一大助力是薪水令人振奮地大幅增加了，同時，能夠較自由地追求個人的學術興趣也令我感到陶醉。

現在回想起來，當時我賣力工作，卻睡得很少，而睡眠時間減少，正是躁症的病徵及病因。但那時我對此一無所知，即使了解，我也不認為會有什麼影響。夏天總是帶給我漫漫長夜及亢奮的情緒，我常常深夜不眠、情緒高昂；但這夏季把我推向了更加亢奮、危機四伏、瀕臨瘋狂邊緣的陌生境地。夏天，睡眠不足、大量的工作和敏感脆弱的基因，終於將我逐入異域，超越我熟知的縱情不羈，展露出瘋狂的真貌。

宴會中的激狂分子

校長每年都會舉辦庭園宴會來歡迎新的教職員。我未來的精神醫師剛成為醫學院的副教授，正好也參加了這次的宴會。他是個經驗豐富的臨床醫師，他冷靜慎重的觀察，和我當時自己的感覺形成有趣的對照。他看到的是，他去年擔任住院主任醫師時期督導過的一名實習醫師，在社交場合中目光狂亂、神情激動。我自己則覺得當時或許有些亢奮，但記憶最深刻的是我曾和許多人講話，感到自己魅力無邊，而且大啖冷盤小點，暢飲各式飲料。

我和校長也交談了很久，他當然不知我是何許人也，但他可能極為彬彬有禮，或者正如外界所言偏好年輕女性，所以才和我談了老半天。不論他的實際想法如何，我確信他認為我極富吸引力。

我和精神病學系主任也進行了一段廣泛而怪異的交談。儘管怪異，我卻覺得頗有樂趣。他本身就不是個保守拘謹的人，而且想像力豐富，有時超越了學術派醫學的正常界限。他在精神藥學界多少有些聲名狼藉，因為他曾意外用迷幻藥殺死一頭向馬戲團租用的大象。那是個複雜、幾乎不太可能發生的故事，內容包括發情的大型陸地哺乳動物、顳葉腺、幻覺藥物對暴力行為的影響，以及由於實驗動物的體積和表面積計算錯誤而導致用藥過量。我和他就使用大象及蹄兔做實驗，展開冗長、巨細靡遺的討論。蹄兔是種小型的非洲動物，外表和大象截然不同，但就其牙齒形式來看，卻和大象是相似的生物。

我實在想不起來是哪些細節和共同興趣促成這段奇怪而又生氣盎然的談話，只記得自己立刻興致勃勃地表示，願意找出所有關於蹄兔的文獻資料，估計大約有幾百份。同時我也志願到洛杉磯動物園從事動物行為研究，和別人合教一門動物行為學，另外，再開設一門藥物學和動物行為學課程。

我記得自己在那次宴會中明豔動人、熱情奔放而且怡然自得。但是我的精神醫師後來和我談論此事時，他記憶中的畫面卻很不相同。他認為我當天穿著妖冶撩人，完全不像之前他所慣見的保守打扮，而且濃妝豔抹，看來非常激動狂熱，說話更是喋喋不休。他記得當時心裡這麼想著：「凱好像得了躁症。」而我卻覺得自己神采飛揚。

心智雜沓

我的心智似乎在自我競速，想法紛至雜沓，腦內充滿未及釐清的神經活動，而愈想減緩思緒便愈明瞭自己對此無能為力。我的積極熱情也有些走火入魔，雖然其間都有一些脈絡可尋。例如，有一天我陷入影印的狂熱中，我把下列三篇作品都各複印了三、四十份，包括一首米萊[2]的詩、刊在《美國心理學刊》上一篇有關宗教和精神病的文章，以及一位著名心理學家所寫的〈為什麼我不參加案例研討會〉。他在其中說明了所有理由，解釋為什麼指導未經妥善安排的醫院查房是件極為浪費時間的事。我認為這三篇作品對臨床醫護人員而言具有重大意義，而且和工作息息相關，所以我盡可能讓大家人手一份。

我現在感興趣的不是我的所作所為完全符合躁症模式，而是在瘋狂將臨前的預知及感應。巡視病房確實是種時間的浪費，而病房主管對我向大家提出此點頗不以為然（他對我複印那篇文章給每個工作人員尤其不悅）。

我在少年時即讀過米萊的這首詩——〈重生〉（*Renascene*），當我的情緒愈來愈狂喜，心智馳騁的速度愈來愈快時，這首詩不知為何清楚地浮上腦海。雖然我才剛踏上瘋狂之旅，但這首詩描述了我即將經歷的整個循環。詩的開頭是對世界的正常觀感（由立足處望去／唯見三座山峰綿延，與樹林一片），接著便進入狂喜和理想的境界，繼而墜入絕望深淵，最後重返正常世界，並對生命有了更深的領悟。

米萊寫這首詩時是十九歲，我後來才知道她曾因精神崩潰而數度住院。我當時的特殊狀況，使我或多或少知道這首詩對我具有某種意義，我完全能夠理解其精髓。我將這首詩發給所有的住院和實習醫師，做為對精神病的發病過程及復發可能性的文學描述。住院醫師們不知道我之所以選擇這些閱讀材料，是因為我的內心狂亂不安，倒是對這些作品反應頗佳，幾乎對原作者也喜愛有加。他們表示樂於從閱讀醫學著作的常態中暫獲解脫。

瘋狂購物

我在工作場合的狂熱行為日益加劇。而在此同時，我的婚姻也形將破碎，我和丈夫終於決定分居。表面原因是我想要小孩，但他卻不願意。雖然這是個真實而重要的理由，但其實還有更為複雜難解的因素。我日漸坐立不安、煩躁易怒，而且渴望刺激，丈夫的仁慈沉穩、溫暖多情一向是我最愛的部分，現在我卻突然覺得看不順眼。

我衝動地向外探求新生活，在聖塔莫尼卡找到一間非常時髦的公寓，儘管我討厭現代建築；我買了現代芬蘭家具，儘管我喜歡溫暖老式的擺設。我買的每一樣東西都是冰冷、現代、有稜有角的，我想這對我日益混亂的心智和煩擾的感覺有奇特的安撫作用，而且好像比較不具威脅性。不過至少我還享有一片美妙壯麗的海景，當然房租也同樣可觀。入不敷出是躁症的典型現象，而正式診斷項目中則別出心裁地稱為「進行無節制的拚命採購」。

當我精神亢奮時，即使百般嘗試，也無法使自己想到金錢問題。所以我就將其置之腦後，反正總會有錢，我是天之驕子，上帝自會提供財源。信用卡已釀成大災，個人支票的情況更是水深火熱。

遺憾的是，對躁症病人而言，病症本身會自然地膨脹個人經濟能力，只要能用信用卡和銀行帳戶，我幾乎可以買下全世界。因此，在某種嚴重的迫切感驅使下，我買了十二個毒蛇咬傷急救箱。買下寶石、優雅但多餘的家具，連續選購三隻手錶，每隻前後相隔不到一小時（每隻錶都屬勞力士之流，而非一般的便宜貨，躁症患者眼中只看得見頂級品），我還添置了許多不合宜的女妖裝束。

在倫敦的一次大肆採購中，我花了數百英鎊，只要書名或封面讓我感興趣的書都在蒐購之列。包括有關鼬鼠生物史的書籍，二十本企鵝出版社的書，因為我想讓書背上的小企鵝圖案排成一串，應會有不錯的效果。我還覺得自己曾偷過一件襯衫，因為我受不了繼續排隊站在拿著糖蜜的婦人後面，或許我只是幻想要順手牽羊，我完全不記得了，心神一片混亂。我猜想在兩次嚴重躁症發作期間，自己一定花了超過三萬美元，至於在頻繁的輕微躁症發作期，我用掉的數目大概只有上帝才知道了。

而在服用鋰鹽，和世界上每個人的步調重趨一致後，你的信心已蕩然無存，你狼狽不堪，不知如何自處。躁症不是凡人可以輕易負擔的奢侈品，病症本身已極具殺傷力，醫療、驗血和心理治療的費用更是雪上加霜。不過，這些至少還可在報稅時扣除，躁症發作時間的揮霍，卻無法被國稅局視為醫療費用或商業損失。所以在躁症後，心情陷入低潮時，你還有絕對充足的理由使自己墜入無底的絕望深淵。

爛帳如山

哥哥雖然是哈佛大學經濟學博士，但在目睹散置一地的爛帳時，仍不免手足無措。信用卡帳單堆積如山；銀行透支通知層層疊疊；還有許多商店再三寄來的催款信函，要求我繳清最近大肆採購後的欠款；更令人心驚膽跳的是一堆來自討債公司的威脅信。這些令人咋舌的視覺衝擊有效地反映了幾週來的狂躁，當時充斥腦中的淨是亂七八糟、稀奇古怪的神經活動。

此時吃了藥後鬱鬱寡歡，我反覆細看自己胡亂揮霍所殘留的證據，有點像在挖掘自己早期心靈活動的遺跡。有張維吉尼亞州某個動物標本製作者寄來的帳單即是一例。我不知為什麼向他訂購了一個狐狸標本，我生平喜愛動物，還曾想過以獸醫為業，怎麼會買一個沒有生命的動物標本呢？而且我從小就欣賞、愛慕狐狸，覺得牠們敏捷優美，我怎麼會成為殺死狐狸的幕後凶手呢？此種可鄙的購買行為令自己感到驚恐和不齒。我不知道當狐狸標本送來時，到底應該如何處置。

為了要轉移注意力，我開始翻閱信用卡收據，最上面那張就來自我買了毒蛇咬傷急救箱的那家藥房。那個藥師剛幫我配好我的第一劑鋰鹽，臉上掛著心知肚明的笑容，將我買的毒蛇咬傷急救箱及其他怪異荒謬、毫無用處的東西一一計帳。我知道他心裡在想些什麼，而當時情緒高昂的我，倒覺得他很有幽默感。他好像完全不知道響尾蛇在聖費爾南多谷所造成的致命威脅，但我可和他不同，上帝已經選中我做為祂唯一的代言人，我必須振臂高呼，使全世界注意到致命毒蛇在我們這塊應許之地上氾濫成災的問題。

這些急救箱大概就是我支離破碎、虛無縹緲的漫想的結果。我想自己可能想藉著買下店中所有的毒蛇急救箱，為此事稍盡棉薄之力，至少我要盡可能保護自己和我所關心的人。當我在藥房內跑上跑下時，我還計畫要提醒《洛杉磯時報》正視這個危險；然而我的狂躁使得思緒打結，根本無法連貫成可行的計畫。

親情無限

哥哥好像讀出我的心聲，捧著一個放著香檳和杯子的托盤過來說，他想我們需要香檳，因為事情可能有點不妙。哥哥不是個小題大作的人，也很少扭絞雙手、咬牙切齒。公正實際、豪爽大方、信心十足的他常能激發別人的自信，這些都是他和母親相似之處。在父母分居而後離婚期間，他張開保護的羽翼，盡其所能地讓我不受生活的磨難和情緒的騷亂。

自那時起，他的保護一直在我左右。從我開始念大學、研究所、當上教授，一直到現在，只要我想從痛苦或不安中暫獲解脫時，便會收到一張他寄來的機票，要我到波士頓、紐約、科羅拉多州或舊金山和他碰面。通常是他到上述地點演講、當顧問或自己休幾天假，我和他便約在某個旅館大廳或高級餐廳見面。看著高大英俊、穿著講究的他快步向我走來，我心中充滿了喜悅。無論我的情緒多低落、問題多嚴重，他總有辦法使我感到他非常高興和我見面。

每次出國，不管是念大學時去蘇格蘭、念研究所時去英國，以及後來利用加州大學的公休假去倫敦兩次，我總是知道哥哥在幾週之內就會駕到。他會看看我的住處，問問我的現況，帶我去吃晚餐，然後再到哈查茲（Hatchards）、狄倫（Dillons）或者其他書店去「挖寶」。我第一次嚴重躁症發作後，他對我的保護就更為謹慎了。他斬釘截鐵地表示只要我需要他，不論他在何處，都會立刻搭最近的一班飛機前來。

他對我的胡亂採購沒有任何埋怨，即使有，他也未明說。他是世界銀行的經濟學家，因此向該行的信用合作社借了筆貸款，然後我們一起開支票付清所有欠款。我花了多年時間才慢慢地還清欠他的債務，說得更正確一點，是我還了欠他的錢，而他所付出的親情、仁慈和諒解，卻是我永遠也償還不了的。

破碎的生活

我的生活仍以驚人的速度向前邁進。工作時間長得誇張，幾乎不睡覺。晚上回家時，家中的混亂與日俱增。書籍到處散置，許多都才剛買不久；衣服在每間房內堆積如山；拆開的包裝盒、裡面還裝著物品的購物袋，觸目皆是。我的房子看起來好像有一大群鼴鼠住過，然後又棄之不顧。數百張零散廢紙占領了書桌和廚房流理台，在地板上林立成堆，有張廢紙寫著雜亂無章的詩，幾週後我才在冰箱內發現了它。這首詩的靈感顯然來自於我那些瓶瓶罐罐的香料，種類之繁多則歸功於我的躁症。我將這首詩名為〈上帝是草食動物〉，其中的道理只有當時的自己才能解釋。這樣的詩和隻字片語無所不在。房子徹底清理過後的幾週內，我仍會在最不可能的地方發現零星紙張上面塗滿了字。

我對聲音，尤其是音樂的知覺和感受變得非常強烈。由小號、雙簧管、大提琴奏出的每個音符都震撼我心，我傾聽個別的音符，以及合鳴的音符，它們的美麗、清晰，無與倫比，我覺得自己彷彿置身於樂池中。之後，古典音樂的張力和悲哀變得難以忍受，我對其樂調感到不耐，也為其澎湃情感所淹沒。我突如其來地轉向搖滾樂，拿出滾石合唱團的唱片，把音量開到最大。

我遊走於曲目和唱片之間，想找出適合心情的音樂，醞釀著配合音樂的心情。在尋找完美音樂的過程中，房內的混亂因散置四處的唱片、錄音帶和封套而更上層樓，忠實反映了我心中的狂亂。我已無法分辨聽到的聲音，我恐懼混亂，不知所措，無法聽某段音樂超過幾分鐘。我的行為錯亂，心靈更狂野失序。

夕陽下的幻覺

幽暗緩緩滲入心中，我迅速失去了控制，萬劫不復。我無法跟上自己的思緒，句子在腦中旋轉，然後變成破碎的片段、單字，最終只剩下聲音。某天傍晚，我站在客廳中央，看著夕陽將太平洋染得血紅，一直延伸到地平線盡頭。突然間，我的雙眼後方出現某種奇怪的光芒。我看到腦中有台巨大的黑色離心機，一個高大、穿著及地晚禮服的人影，手中拿著裝滿了血的大管子，走近離心機。當她轉身時，我驚恐地發現她就是我自己，而我的裙子、披肩和白色長手套上都沾滿鮮血。我看著她小心地將管子內的血倒入離心機分隔架的小孔內，蓋上蓋子，按下機器前方的一個按鈕，離心機便開始旋轉。

更令人害怕的是，之前在我腦中的意象現在已經完全竄出，我嚇得無法動彈。

離心機的旋轉聲和玻璃管碰撞金屬的聲音愈來愈大，然後機器裂成上千碎片，到處都是血。窗玻璃、牆壁和畫都濺滿了血，血也滲入地毯內。我再看向海洋時，窗上的血已和夕陽揉成一體，無法辨識其分界。我大聲尖叫，卻無法逃脫血跡斑斑的景象，和機器快速旋轉的碰擊聲。我的思緒不僅狂野混亂，而且已經形成駭人的奇幻夢魘，確切可怕地鋪陳出失控的生活和心靈。我不斷地尖叫，幻覺終於緩緩褪去。我打電話向一位同事求助，倒了一大杯蘇格蘭威士忌，等著他到來。

還好在我的躁症變得盡人皆知前，這位同事願意幫我處理狂躁的憤怒和幻覺。他非常了解我，在我和丈夫分居時，我們曾不時約會。他要求我服用鋰鹽。這對他而言是件吃力不討好的事，因為我狂躁不安、偏執多疑，而且行為乖戾。但他好言相勸，循序誘導，和緩而堅定地告訴我他的想法，他認為我得了躁鬱症，並說服我去看精神醫師。

我們一起搜尋所有關於此病的書面資料，盡可能地閱讀吸收，然後再尋找已知的療法。那時（一九七〇年）鋰鹽獲食品藥物管理局（ＦＤＡ）批准可用於治療躁症，前後不過四年，在加州尚未普及。但從醫學文獻上可清楚看出，鋰鹽可能是我唯一的選擇。他開了鋰鹽和其他精神安定劑給我，做為短期應急之用，只是使我能撐到第一次去看精神醫師。他幫我算好每天早晚須服用的藥量，花幾小時和我的家人討論病情以及有效的處理之道，還幫我抽了幾次血，檢查鋰的濃度，並表示我康復的機會很大，給與我許多鼓勵。他堅持我必須暫時請假，這是我最後能保住工作和看診權的原因。他無法親自照顧我時，便安排別人在家中代為看護。

我瘋了！

和之前情緒最低落的時期相比，首度躁症發作令我覺得情況更加險惡，沮喪的感覺也更具毀滅性。事實上，我混亂起伏的一生中，最可怕的感受莫過於首次覺得自己已經瘋狂。雖然之前經驗過多次較輕微的躁症，情況好時，狂喜興奮；情況不佳時，充其量也只覺困惑不安，卻從未如此駭人。並且，我早已學得應付之道，以自制來降低不當的突兀笑聲；嚴格地控制易怒的情緒；避免自己出現在過敏神經可能會露出馬腳的場合。即使早已心猿意馬，我仍會裝出全神貫注或了解來龍去脈的樣子，使我的工作和事業如行雲流水般發展。但這些應對之道、成長經驗、智力，甚至我的性格，都遠非瘋狂的對手。

儘管它醞釀了數週之久，我也確切知道大事不妙，但就在某個絕對的時刻，我知道自己瘋了。我的思緒急瀉而下，句子才說到一半，就已不記得前面說了什麼。支離破碎的概念、景象、句子在腦中迴旋競舞，如童話故事中的老虎，最後落為一灘無意義的死水。曾經熟悉的事物已遙遠陌生，全心渴望能放慢腳步卻力有未逮，沒有一件事能起任何作用。在停車場來回狂奔幾小時，或一口氣游幾英里都於事無補，我的精力仍絲毫未損。

因神經過分緊繃，魚水之歡已非樂事，做愛時一直覺得心靈好像被黑色的光影緊箍住，恐懼油然而生。我的幻覺聚焦於全世界的綠色植物，它們痛苦而緩慢地凋萎，藤蔓、根莖、樹葉，一根根、一片片地枯朽，而我只能袖手旁觀。它們的哀嚎淒厲刺耳，逐漸地，我心中所有的景象都變得陰鬱灰敗。

有一回，我曾下定決心。如果我賴以維生、多年來信任有加的頭腦不停止橫衝直撞，並且重新正常地運轉，我將會從附近一棟十二層樓的建築物跳下自殺。我給它二十四小時的最後通牒。但那時我早已失去時間觀念，上百萬個美妙和恐怖的其他想法串連交織，瞬間即逝。在無休無止的可怕日子裡服用無休無止的可怕藥物——氯丙嗪、鋰鹽、安定劑和巴比妥類藥物——終於產生效果。我可以感覺到自己的頭腦被套上韁繩、減慢速度，直到完全控制。但我重新認出它的原貌是很久之後的事了，而再度信任它則更是後話。

我的精神醫師

我首度碰見我未來的精神醫師時，他是加州大學洛杉磯分校神經精神病學研究院的總醫師。高大帥氣、極有主張、頭腦敏銳、機智過人，親切的笑容淡化了他給人的壓迫感。他不屈不撓、中規中矩，了解自己所作所為，而且非常在意行事之道。他確實樂在行醫，而且也是位優秀的老師。在我擔任博士前臨床心理學實習醫師的那一年，他負責指導我在成人住院病房的臨床工作。在病房的環境中，人性脆弱的自我，和對內心及性衝突的無聊臆測比比皆是；而他則集合理性思考、嚴密診斷和同情悲憫於一身。雖然他堅決相信及早用藥對精神病人的療效，但他同樣對心理治療的重要深信不疑，因為它能帶來療效及持續的改變。

他對病人的和藹態度，加上對醫學、精神病學及人性的了解掌握，使我印象極為深刻。當我成為加州大學洛杉磯分校教授不久後便陷入狂暴的躁症中，那時他成為我唯一能夠全心全意信賴的人。我直覺地知道自己絕無可能在口才、思考和策略上勝他一籌，就像雪球抵不過地獄之火一樣。雖然我的頭腦混亂不堪，這個抉擇倒相當清醒明智。

當我預約看病時，不僅事態已十分嚴重，我自己也同時感到心驚膽跳，窘迫不堪。我從未看過精神醫師或心理醫師，但我已走投無路，我已經徹徹底底地喪失理智了。如果我不尋求專業協助，很可能會失去工作，以及已經岌岌可危的婚姻和我的一生。

我從辦公室開車到他位於聖費爾南多谷的辦公室，當時是下午，這是南加州一天中最美好的時刻。但有生以來，我第一次因恐懼而全身發抖。我為他可能會告訴我的真相而顫抖，也為他可能無法說出的病情而顫抖。這一次，我無法以思考或大笑來脫離現況，也完全不知有任何事能讓我稍感紓解。

我按下電梯按鈕，走過一條長廊，進入候診室，裡面已有兩位病人正等著見醫師。這種醫師、病人角色互換的感受，更加深了我的羞辱感。當然，這可視為某種人格磨練，但我已開始厭倦利用各種機會自我磨練，為此而犧牲了平靜無波的正常生活。如果當時我不是極度脆弱的話，也許就不會這麼在乎此事，但我已經混亂不安，自我概念全然崩潰。自信心一向是我生命中無所不在的主角，此刻它卻令人不安地遠走高飛了。

我看到候診室對面的牆上有一列或亮或滅的按鈕，我顯然應該按下某個按鈕，這樣精神醫師就會知道我來了。我覺得自己像一隻大白鼠，爪子壓著機關，想要獲得小團食物。這種系統雖然實用，卻使人覺得卑微。我的心不覺往下沉，辦公桌另一端的位置顯然會讓我坐立不安。精神醫師打開門，深深地看了我一眼，請我坐下，說了些鼓勵的話。我已完全不記得內容為何，但我確信他的表達方式和實際用字同樣適當，而一道非常非常微弱的光芒開始慢慢滲透入我幽暗受驚的心靈。

我幾乎不記得第一次治療時自己說了什麼話，但我知道我緊張不安，說得雜亂無章，而且混淆不清。他坐在那兒，似乎可以永無止境地聽下去，一百九十三公分的高大身軀從座椅伸展到地板上，腿一下翹起，一下放開，修長的手指互相碰觸。不久後，他開始問問題。

「判決」

我一天睡幾小時？我是否無法集中注意力？我是否比平時更多話？說話的速度是否比平時快？有沒有人告訴我說話慢些，因為他們無法了解我說的話？我是否覺得必須不斷說話？我的精力是否比平常更旺盛？是否有其他人提過無法跟上我的速度？我是否比平時參加更多活動，接下更多計畫？我的思緒是否運轉過快，無法掌握？我的行為是否比平常更狂躁不安？性行為是否較頻繁？金錢支出是否增加？是否衝動行事？是否比平時更煩躁易怒？我是否覺得自己擁有特別的才華或力量？我是否出現幻覺或聽到聲響和說話聲，但他人也許未看到或聽到？我的身體是否有奇怪的感覺？我年輕時是否已有上述症狀？家中是否有其他人遭遇類似問題？

我了解自己正接受詳盡精神病史調查和檢視，這些問題耳熟能詳，我曾經問過他人上百次同樣的問題。但現在自己要回答這些問題，而且不知結果如何，再加上體會到當病人的困惑不安，凡此種種都使我心慌意亂。他問的每個問題，包括另一大串憂鬱症方面的問題，我的答案幾乎都是肯定的。而我對精神病學和專業知識也產生了新的敬意。

他執業的經驗和自信的個性逐漸產生了效果，如同服藥逐步控制平息躁症的騷亂一般。他直截了當地告訴我，他認為我得了躁鬱症，而且可能必須無限期服用鋰鹽。他的看法令我不寒而慄，因為當時對躁鬱症及其預後效果所知仍相當有限，但我同時又覺得如釋重負，這個診斷結果和自己內心深處的想法完全一致。不過我還是全力抗拒他的「判決」。他耐心地聽我陳述各種錯綜複雜、導致崩潰的可能原因：婚姻危機帶來的壓力、成為精神病學系教授的壓力、工作負擔過重的壓力……，但他確定他的診斷及建議療法無誤。我一方面怨憤不已，另一方面卻又有些大感寬慰。他清晰的思緒、表露無遺的關懷，和直言不諱地說出噩耗的態度，都使我敬佩有加。

良醫益友

後來的許多年間，除了去英國的那段時間之外，我每週至少和他約診一次。在我極度沮喪，而且有強烈自殺傾向時，我和他的會面就更頻繁。他幫助我度過無數死亡關頭。他看著我走過瘋狂、絕望、奇妙可怕的感情遭遇，幻滅和成功，躁鬱症復發，一次幾乎致命的自殺，摯愛男友的猝死，職業生涯的大喜大悲……。

簡單地說，他看著我歷經林林總總的心理和情感遭遇，他堅定強勢又和善仁慈。儘管他比任何人都了解我覺得服藥嚴重影響我的精力，以及活潑獨特的個性，使我失去太多；但他從未因此而忽略躁鬱症整體的負面效應：巨大耗竭、殘害身心，甚至可置人於死地。他接受曖昧不清，也不排斥複雜難解，而且在混亂不確定中能夠明快又果斷。他以尊重、堅定的專業態度和機智來對待我，並一直深信我有能力抗爭、扭轉現況，且終能復原。

雖然我因需要接受治療而去找他，但我在其他方面也受益匪淺。例如，他使我了解到對病人而言，心智和頭腦是完全相互依賴的。我的性格、情緒和病症，鮮明深刻地影響了我的人際關係及工作性質；而同樣的，人際關係和工作又有力地造就了我的情緒。學習了解這種相互依賴的複雜性，學習在復原到過著有意義的生活的過程中，區別鋰鹽、意志和頓悟所扮演的角色。這便是考驗所在，是心理治療的工作和獻禮。

在生命的這個階段中，我已無法不靠服用鋰鹽和接受心理治療來過正常的生活。鋰鹽阻擋了誘人卻釀災的精神亢奮、減輕憂鬱、釐清混亂的複雜思緒，使我放慢速度，讓我舒緩情緒，避免我毀掉自己的事業和人際關係，也使我不用住院，能繼續活著，而且有辦法接受心理治療。而心理治療不可言喻地產生療效，它多少解釋了混亂生成的原因，控制可怕的思想和感情，提供以病為師的控制力量、希望及可能性。

藥丸無法也不會幫助一個人慢慢地重回現實，它只會使人橫衝直撞，顛顛倒倒地重返現實，有時速度快得超出可以忍受的限度。心理治療則是個避風港，也是個戰場。我曾在其間精神錯亂、神經過敏、興高采烈、迷惘混亂、絕望不堪，程度超乎想像。但這裡一直是我相信（或學會相信），自己能夠和病魔搏鬥的地方。

沒有藥物能幫我解決不想吃藥的問題，同樣的，再多的心理治療也無法獨力防止我的躁症和憂鬱，我需要兩者。靠著藥物、自我的怪癖和固執，加上這種獨特、奇異、刻骨銘心、稱之為心理治療的幫助，我才活著。這是多麼奇特的一件事。

藥物是我活下去的一個重要因素，但我在很久之後才真正認清此點。我對服用鋰鹽的必要性欠缺判斷力，結果使我付出慘痛代價。

注釋

1 維吉尼亞·伍爾芙（Virginia Woolf, 1882-1941），英國小說家、評論家，主張淡化情節，運用內心獨白和意識流等手法寫作。

2 米萊（Edna St. Vincent Millay, 1892-1950），美國詩人、劇作家。

思念土星

我非常非常思念我的土星。
如果星辰曾在你腳邊閃耀，
星球的光環曾在你手中穿過，那麼，
要放棄心靈和情緒的展翅翱翔著實不易。

每個人步入瘋狂之途都各具獨特的風格。身為氣象學家的女兒，在那段精神亢奮的夏日中，我壯麗非凡的幻覺很自然地淨是在雲端、在大氣之外翱翔、飛行，偶爾搖晃一下。我飛越星辰，穿過充滿冰晶之域。即使到現在，我仍能從心靈中，看到出神入化的光影分裂轉移，看到變化多端但鮮明動人的色彩，閃動在數英里的環繞光圈表面，並目睹這個圍繞著車輪式火焰的衛星，它們出奇地黯淡，幾乎難以察覺。我記得當衝過這些土星的衛星時，還唱著〈帶我飛向衛星〉（Fly Me to the Moons），心裡覺得自己簡直太有趣了。而我所見和所經歷的只是夢幻，或是渴望的零碎片段。

永遠的土星

這一切是否為真？當然不是，至少它完全不符「真實」所代表的任何意義。但它是否一直和我為伍？確實如此。即使我早已精神清明，藥物也產生了作用，它仍是我永久記憶的一部分，環繞在近乎「普魯斯特式」的憂鬱中。自從那次心神遠遊後，土星和它的冰環又平添了些許淒婉的美麗。現在，我無法在看到土星的影像時，不為其如此不可及而感到椎心的哀戚。

我的心靈飛翔所具的張力、光彩和純然的自信，使我很難相信我真的想擺脫躁鬱症，尤其是在病情稍有起色後。即使我是臨床醫師和科學家，即使我讀了研究文獻，知道不服用鋰鹽的必然悲慘結果，在第一次診斷之後的數年間，我仍然不願意按照醫師處方服藥。為什麼我會這麼心不甘情不願？為什麼非得要經過更多的躁症發作，及接踵而至的長期、具毀滅性的憂鬱症後，我才願意配合醫囑服用鋰鹽？

我的不情願毫無疑問地部分是因為基本的否定態度，我不認為自己真的有病。這是早期躁鬱症發作後屢見不鮮的反應，相當反直覺而行。情緒是生命本質極端重要的一部分，關乎人的自我概念。因此，情緒和行為即使出現極端瘋狂的表現，也可被看作是暫時性、可理解的因勢作為。就我個人而言，我對於原來的我和我曾陷入的境地有強烈的失落感；要放棄心靈和情緒的展翅翺翔著實不易，即使之後必然尾隨而來的躁鬱症幾乎使我喪命。

我的家人和朋友都希望我樂於接受自己變得「正常」，對鋰鹽心存感謝，並因此擁有正常的精力和充足的睡眠。但是如果星辰曾在你腳邊閃耀，星球的光環曾在你手中穿過；習慣每晚只睡四、五個小時，現在則要睡八個小時；習慣持續幾天、幾週地熬夜，現在卻無法做到，那麼，要重新融入中規中矩的時間表中，的確需要許多自我調適。這對許多人來說也許輕鬆自在，但我卻覺得陌生、設限，明顯地生產力較低，而且令人氣惱的是，再也無法產生相同的迷醉效果。

當我抱怨自己現在較不活潑，精力不夠旺盛，也不像以前那麼興高采烈時，別人總說：「可是，現在你就和我們一樣啊！」沒有別的用意，他們只是想要安慰我。但我是和過去的自己，而不是和旁人來做比較。還不只如此，我總是會拿現在的自己，和我感受最佳時期的自己來比較（那幾乎都是在我處於輕微躁狂中的時期）。在我目前「正常」的狀態下，我已被遠遠地摒除在活力最充沛、生產最豐富、感受最強烈、最外向活潑的時期之外。簡言之，對我本身而言，現在的我是齣不易入戲的戲碼。

我非常非常思念土星。

與鋰鹽抗爭

我和鋰鹽的戰爭在我開始服藥不久就展開了。一九七四年秋天，醫師首度開鋰鹽給我。一九七五年早春之前，我違背了醫師的指示，自行停藥。我在躁症遠離及隨之而來的可怕憂鬱症康復後，心中便充滿了各式理由，形成抵抗用藥的堅強防線。其中一些理由本質上是心理性的，其他則和血中鋰濃度過高導致的副作用有關；後者是為了要控制病情，所以剛開始血中至少必須維持高濃度的鋰。（在一九七四年，標準的療法是在病人血液中維持相當高的鋰濃度，現在則已降低許多。多年來我一直服用較低劑量的鋰鹽，而起初服用藥物的不適幾乎都不存在了。）開始服藥的前十年，我所經歷的副作用非常難以控制。某些極少數的病人（包括我在內），足以產生療效的鋰濃度已危險地接近中毒邊緣。

毫無疑問的，鋰鹽確實對我很有幫助。我的躁鬱症正是教科書上所述，鋰鹽可產生良好療效的典型臨床案例：我的躁症浮誇，家族有明顯的躁鬱症病史，而且病症發生的順序是躁症先於憂鬱症，而非反向發病。但是藥物嚴重影響我的心靈生活。我發現自己所仰賴的藥物，同時也會造成每月多次的劇烈噁心和嘔吐，原因是體內鹽分、飲食、運動或荷爾蒙的變化使鋰濃度變得太高。那種時候我通常睡在浴室地板，頭下墊個枕頭，身上裹著聖安德魯斯大學那件溫暖的羊毛長袍。

我已記不清曾在多少地方突然嚴重病倒，更令人尷尬的是在一些公共場所，從演講廳到餐廳，甚至倫敦的國家藝廊，我都有此經驗（這些情況在我改用以時間控制劑量後，已大幅改善）。當鋰中毒較為嚴重時，我會發抖，並且因運動失調而走路撞牆，講話也含糊不清。這造成我數次被送進急診室，接受靜脈點滴注射來處理中毒，而更令人無地自容的是，我看上去就像是服用禁藥或飲酒過量的樣子。

有一個黃昏，我在馬里布上騎術課程，其間，我在跳欄時兩度墜馬。我上完課離開時，警察要求我在路邊停車，並要我做一項路旁神經反應測試，項目之詳盡令人印象深刻。但我走的線不夠直，指尖無法碰到鼻子，在以手指輕觸大拇指項目中也表現奇差。當警察以光照射我的眼睛時，天知道我的瞳孔在做些什麼。直到我拿出瓶瓶罐罐的藥，提供我精神醫師的姓名和電話，並且同意接受他們所要求的任何血液測試，警察才不再認為我嗑了藥或喝了酒。

變調的人生

這件事發生後不久，正好也是我剛學會滑雪時，我到猶他州某處的高山去滑雪。我不知道高海拔加上劇烈運動會增加血中鋰濃度，因此我完全失去方向感，根本無法自行下山。還好有位同事知道我在服用鋰鹽，而且本身也是研究其醫療用途的專家。當大家預訂要碰頭的時間到了，卻獨不見我人影時，他深感不安，認為我可能鋰中毒，便請巡邏隊協尋，我才安全下山；雖然我實在不想以這種與地面平行的方式下山。

噁心、嘔吐及不時的中毒雖然有時令人煩躁尷尬，但它們的重要性還不及鋰鹽對我的閱讀、理解和記憶能力之影響。鋰鹽在極罕見的狀況下會造成視力調節的問題，我便因此而視力模糊；它同時影響專注力、注意力的持續時間和記憶能力。

閱讀曾是我知識和情感世界的重心，現在卻突然變得遙不可及，過去我習慣一個星期讀三到四本書，現在也不可能了。之後的十多年中，我沒有從頭到尾讀完過一本嚴肅文學或非小說類作品，這所造成的挫折及痛苦難以言喻。我曾因無名的怒火而將書往牆上扔，或是氣得將醫學刊物從辦公室的一端丟到另一端。我比較能夠閱讀期刊文章，因為它們的長度較短，但仍困難重重。我必須反覆閱讀同一行，並記下許多注解，然後才能了解其意義。即便如此，我讀過的材料還是經常從腦中消失，如同雪融化在炎熱的人行道上一樣。我開始以刺繡代替閱讀，完成了一大堆靠墊，徒然地想要打發掉之前用來閱讀的時間。

詩未遠離

值得感謝的是詩仍未遠離。我一向喜愛詩，現在則更加全心投入，那種熱情非筆墨所能形容。此外，我發現童書除了長度比成人書籍短外，字體比較大，使我讀來較為輕鬆。我一遍遍地重讀童年時的經典故事：《小飛俠》、《保母包萍》、《夏綠蒂的網》、《頑童歷險記》、《綠野仙蹤》。許多年前，這些書曾開啟了永難忘懷的世界，現在它們讓我能再度重溫，享受第二波的愉悅和美感。所有的童書中，我最常重讀《柳林中的風聲》，發覺自己有時完全為其所牽引。我記得有一次看到形容鼴鼠和牠故居的那段特別的文字時，情緒完全崩潰，哭到無法遏抑。

最近，我又拿出我的那本《柳林中的風聲》（自從恢復閱讀能力後，這本書便一直被收在書架上），我想找出當時令我心碎欲裂的片段。我很快發現了那段文字。鼴鼠為了和朋友大鼠探索光明和冒險的世界，離開地底下的故居已經很久了。一個冬夜，牠在趕路時，突然強烈地嗅到舊家的氣味，於是「回憶排山倒海而來」。牠極為渴望重返故居，努力地想說服大鼠和牠同行。

「等一下，大鼠。」可憐的鼴鼠苦苦哀求，心都要碎了：「你不了解！這是我的家，我的老窩！我剛剛聞到它的氣味，它就在附近，真的就在這裡。我一定要找到它，我一定要找到它！拜託你回來，大鼠，我求求你回來好嗎！」

大鼠本來有其他事情要做，並不想花時間去找鼴鼠的家，但最後仍然一起去了。然後，唱完聖誕頌歌，坐在壁爐前，手中拿香熱蘋果汁，鼴鼠回想起牠之前有多懷念牠所熟悉的溫暖和安全，所有的這些「親切的事物，長久以來，早已不知不覺地成為牠的一部分」。

看到這段，我深深地記得當時心中湧現的感覺。那時我剛開始服用鋰鹽，我懷念我的老窩、我的心靈、我充滿書的世界和那些「親切的事物」。我懷念我的世界，其中大部分的事物都有其定位，沒有可怕的東西會在其中大肆破壞。而現在，我別無選擇，只能活在心靈強加於我的破碎世界中。我懷念我所熟知的歲月，那時，瘋狂和藥物尚未迂迴地潛入我生命的各個角落。

如何無怨無悔接受鋰鹽進入你的生命：

1. 賓客到府晚宴，或新情人在家過夜前，別忘了清空藥櫃。
2. 第二天別忘了把鋰鹽放回去。
3. 當動作缺乏協調性，或無法在曾經拿手的運動表現出色時，不必覺得難為情。
4. 當咖啡濺出、簽名像八歲小孩的筆跡一樣歪歪扭扭，或無法在十分鐘內扣上袖釦時，學會付諸一笑。
5. 當別人開玩笑地說應該開始服用鋰鹽時，記得面帶微笑。
6. 當醫師說明鋰鹽整頓混亂生活的多種功效時，要明智且深信不移地點頭稱是。
7. 當此種整頓過程進行時，絕對要耐心等待，非常有耐心。重新讀《聖經》

〈約伯記〉，繼續充滿耐心。思考「忍耐」（being patient）和「病人」（being a patient）二詞間微妙的雷同處。

8. 盡量不要因為必須費力閱讀而氣惱，試著採取哲學的態度：反正就算能讀，大概也會忘記其中的絕大部分。

9. 適應自己在某種程度上不再像從前一樣充滿熱情和活力。盡量別再想過去的狂熱夜晚，也許最好根本不要有那些狂熱的夜晚。

10. 總是認清自己情況已大幅好轉，其他人當然也會「不厭其煩」地指出此點，聽多了就好像是真的。

11. 要心存感激，千萬不要興起停用鋰鹽的念頭。

12. 當你停藥後，躁鬱症又發作時，你將可預期從親人及醫師口中聽到下列兩項基本說法：

- 可是原來已經好多了，我實在不了解你為何要如此！
- 我早就告訴過你結果會這樣！

13. 再將鋰鹽放入藥櫃中。

我持續抗拒服用鋰鹽的最主要原因並非其副作用，而是心理因素。我就是不願相信自己必須服藥。我已經對亢奮的情緒上癮，我依賴情緒所具有的張力、欣快、自信，以及使旁人也不覺意興風發的感染力。賭徒會犧牲一切，只為了體驗贏錢時短暫而狂喜的感覺；古柯鹼上癮者會甘冒失去家庭、事業、生命的危險，只為短暫的亢奮活力和情緒。我的心理就和他們一樣，覺得輕微的躁症令人無限陶醉，而且能夠帶來充沛的生產力，我無法放棄這些感覺。仗著意志堅強的父母、我本身的倔強，和保守的軍人家庭教養，我在本質上便深信自己應能處理遭遇到的任何困難，而不需依靠外力，例如藥物，來助我一臂之力。

空洞的軀殼

我不是唯一抱持這種想法的人。當我病發時，姊姊便堅決反對我服用鋰鹽，對我用藥一事深覺厭惡。她過去一直全力反抗清教徒式的教養方式，現在的態度卻奇怪地有了一百八十度轉變。她清楚地表示，她認為我應該自己撐過躁鬱症，如果我選擇以藥物來減輕這些經驗的強度和痛苦，我的靈魂將會凋萎。她的情緒問題日益惡化，飲酒量漸增，愈來愈狂暴易怒，而我本身的情緒問題也非常嚴重，再加上她對用藥所抱持的危險但誘人的觀點，這一切都使我很難和她相處。

好幾年前的一個晚上，她批評我屈服於現有的醫藥之下，以鋰鹽驅逐了感覺。她說我的個性已枯竭，生命光熱已消失，我只是原來自我的空洞軀殼。這正好刺激了我尚未平復的敏感傷口，我想她也心知肚明。當時正和我交往的男友對此勃然大怒，他看過我奄奄一息的樣子，認為保持那種瘋狂根本毫無意義。他試著以機智化解這個狀況，說道：「你妹妹現在也許只是個空洞軀殼，但我就已經有些招架不住了。」但姊姊仍咄咄逼人。這使我深受打擊，又開始懷疑自己服用鋰鹽的決定。

我實在無力承擔太接近像姊姊這樣的人所產生的後果。她代表了我未服藥時深植心中的誘惑，代表了認為所有問題均應自己解決的家庭教育，也代表了重新掌握過去情緒和狂喜的吸引力。我開始理解，除了情緒之外，我的生命也岌岌可危。然而，我的家庭教育可沒讓我輕易束手就擒，我一直堅信從小便學到的「撐過難關」、「凡事靠自己」和「不要把問題丟給別人」等。但回顧過去因這種盲目的愚蠢和驕傲所造成的滿目瘡痍，我現在不禁思考，當時自己究竟在想些什麼。父母教我要獨立思考，但我為何不曾質疑這些嚴苛、無關緊要的凡事靠自己之概念？為何我沒有看出自己的反抗實際上有多荒謬？

頑劣的病人

幾個月前，我向精神醫師要了一份我的病歷，讀這些病歷是種令人驚慌失措的經驗。一九七五年三月，亦即我服用鋰鹽六個月後，我主動停藥。幾週後，躁症發作，接著便是嚴重的憂鬱症。那年稍後我重新開始服用鋰鹽。讀著醫師當年的紀錄，我為同樣模式的不斷重演感到心驚。

七月十七日　病人已選擇恢復服藥，因為憂鬱症相當嚴重。開始每天服用鋰鹽兩次，每次三百毫克。

七月二十五日　病人嘔吐。

八月五日　對鋰鹽耐藥力逐漸增強。病人了解到躁症比自己所預期的更加嚴重時，頗為沮喪。

九月三十日　病人再度停藥，認為證明自己不靠藥物就能調解壓力非常重要。

十月二日　病人仍持續不服藥，已過分躁狂，病人非常清楚本身狀況。

十月七日　病人恢復服藥，因為易怒、失眠及無法集中的程度日益嚴重。

我的頑固有一部分可說是人的通病。不管是急性或慢性病人都很難完全遵照醫囑服藥，如果病況改善或症狀消失，就更難做到了。以我而言，當我覺得自己病好了，就不想再繼續服藥，也覺得沒有必要。我原先就不想吃藥，藥的副作用使我難以忍受，而且我其實有些懷念亢奮的感覺。因此，一旦覺得自己恢復正常後，便很容易拒絕相信病還會復發。廣泛的研究文獻上清楚顯示躁鬱症會復發，而且程度將更嚴重，次數將更頻繁。但我卻不知怎地，堅信自己的病是個特例。

原因不在於我認為鋰鹽沒用，相反的，它的藥效和安全性令人信服（不只如此，我知道鋰鹽能治好我的病）。原因當然也不在於我基於道德考量，反對以藥物治療精神疾病。相反的，我一向無法容忍那些反對使用藥物醫治精神疾病的人士，尤其是這一類的精神醫師和心理醫師。我也無法容忍一些臨床醫師以某種尺度畫分醫學疾病（如霍金氏症〔Hodgkin's disease〕或乳癌）和精神疾病（如憂鬱症、躁鬱症或精神錯亂）。我對躁鬱症是醫學疾病這一點深信不疑；我也認為，除了罕見的案例之外，如果醫師不採取藥物治療的話，便算是失職。儘管有這些想法，但我仍然認為我應該有辦法不靠藥物繼續生活，也應該可以繼續我行我素。

我的精神醫師非常嚴肅地看待我的抱怨，包括個人存在的疑懼、副作用、家庭教育的價值等，但他從未動搖地認為我需要服用鋰鹽。感謝上帝，他拒絕接受我錯綜複雜的激昂推理，辯解我至少該再試一次。他一直客觀地了解基本的選擇為何：整個問題不在於鋰鹽的藥效是否有問題；不在於我是否懷念亢奮的感覺；不在於用藥是否符合我家庭背景中一些理想化的概念。最重要的問題在於，我是否要選擇間歇性地服用鋰鹽，而使躁鬱症必然地捲土重來。他所看到的選擇，現在我也痛苦地認清了，就是介於瘋狂和清醒、介於生和死的一種選擇。

我的躁症發作愈來愈頻繁，而且在性質上逐漸「混雜」（原先以欣快為主的發病是種「白色躁症」，但現在則蒙上愈來愈重的憂鬱陰影）。我的憂鬱症也不斷惡化，而且有嚴重的自殺傾向。我的精神醫師指出，幾乎每種藥都會有副作用，就整體考量而言，鋰鹽的負面反應比大部分藥物都來得少。

比起之前殘酷無效的療法，如鎖鏈、放血、濕布裹法、用冰椎刺進腦葉和精神病院，鋰鹽當然已是大幅改善後的療法。而且儘管目前抗痙攣藥物十分有效，副作用通常也較少，但對許多躁鬱症病患來說，鋰鹽仍是極為有效的藥物。當時我完全了解此點，儘管信服的程度不像現在那麼強烈。

事實上，在這些表面理由之下，我祕而不宣的真正恐懼，是鋰鹽可能對我無效！萬一我吃了藥，卻仍然發病。所以，如果我不吃藥，就不會讓這個最可怕的恐懼成真。我的精神醫師很早就發現我心中的恐懼，在他的醫療紀錄中有條簡短的觀察，完全描寫出這種令人無法動彈的恐懼：

> 病人同時將藥物視為治療的希望，以及治療無效時的自殺方法。她害怕服藥後，也許會失去最後的解決之道。

戰爭開始

幾年後，我在一家旅館的舞廳中，那兒塞滿了上千位精神醫師，許多人正忙著努力加餐飯。免費的食物和飲料，無論質量多差，總能把醫師從陰暗角落拉出來，見見天日。新聞記者和其他作家經常談到精神醫師在八月的流動，但五月分也有種不同的趕集，即一萬五千名形形色色的精神醫師參加了美國精神學會的年度大會。而或許有人會注意到，五月正是自殺的高峰月分。我和幾位同事將提出躁鬱症診斷、病理生理學及治療的最新發展。

我當然高興看到自己罹患的疾病吸引了大批人潮，那時躁鬱症正當紅。但我知道這個角色不可避免地將在某個時候拱手讓給強迫性精神官能症、多重人格障礙症[1]，或任何能引起此領域興趣的疾病。這有種種可能原因：可能是因為可望產生治療上的突破、也許因為陽電子放射斷層掃描攝影的掃描影像最多采多姿、也許因為曾躍為某個特別昂貴難纏官司的主角，或許因為保險公司逐漸願意理賠等。

大會安排我演講鋰鹽治療的心理學和醫學層面。我通常都以引述「某個躁鬱症病人」的話為開場白。我唸的方式就像是在唸別人寫的東西，但實際上，我是在敘述自己的親身體驗。

> 無休無止的詢問終於結束了，我的精神醫師看著我，用絲毫不帶猶疑的聲音說：「躁鬱症」。我佩服他的直言不諱。我希望他家的田地遭蝗災，家中倒大楣。無聲、難以置信的狂怒。我愉快地笑著，他也報以微笑，而戰爭才剛開始。

這個臨床狀況的真實性引起極大的共鳴。因為如果一個精神醫師從不需處理許多躁鬱症病人微妙或不怎麼微妙地抗拒治療的問題，那他可算是個稀有動物。最後那句「戰爭才剛開始」帶起一陣哄堂大笑。雖然敘述起來頗為幽默，但實際置身其間卻完全不然。

不幸的是，每年都有上萬個病人抗拒服用鋰鹽，結果幾乎都會造成復發，後來常以悲劇收場。在我和鋰鹽抗拒幾年後，我終於從一位病人身上看到這點。他成為一個傷痛的標記，提醒我反抗所需付出的昂貴代價。

一個麻煩

加州大學洛杉磯分校附屬醫院的急診室裡，因住院醫師、實習醫師和醫學系學生而充滿了各種活動，而疾病和死亡也奇怪地促成了這些活動。人們快速地走動，帶著因優異才智、良好訓練和嚴苛環境所培養出來的活躍自信。雖然我到急診室的原因令人遺憾——我的一位病人因急性精神病而入院，但我也不可避免地感染了興奮的步調和混亂的節奏。

突然，由某間檢查室中傳來一聲使人血液凝固的尖叫，叫聲充滿了恐懼和明顯的瘋狂。我跑下走廊，經過護理師、經過一個正在抄寫病歷表的住院醫師、經過一個外科住院醫師，他正在研究醫師參考手冊，手裡拿著一杯咖啡，綠色消毒衣的短袖上夾著止血器，向下懸垂，脖子上掛著聽診器。

我打開傳出尖叫的房間，心情往下一沉。我首先看到值班的精神科住院醫師，他對我報以同情的一笑。然後我看到我的病人，他被綁在輪床上，以皮帶限制住他的行動。他成大字形躺著，手腕和腳踝被皮帶銬住，再加上一條皮帶束著他的胸部。我覺得胃裡一陣翻攪。

雖然已有這樣的束縛，我仍覺得害怕。一年前，這個病人曾把刀放在我的脖子上，當時我們正在我的辦公室內進行心理治療。我打電話給警察局，他被強制送入洛杉磯分校神經精神病學研究院的上鎖病房。七十二小時後，由於美國司法體系令人讚歎的盲目智慧，他被釋放，重回到社區中，我也再度負起精神照顧之責。諷刺的是，我注意到當時站在輪床旁的三位警官中，有兩位的手放在佩槍上。顯然他們認為此人「對自己和他人都是個麻煩」，即使法官的想法也許正好相反。

他又開始尖叫，那是種非常赤裸、令人驚懼的聲音，一方面因為他本身非常恐懼，另一方面因為他非常高大，而且完全精神錯亂。我把手放在他的肩膀上，便可感覺到他整個身體不由自主地顫抖。我從未在任何人眼中看過這樣的恐懼，也從未看過這樣的內在焦慮和心理痛苦。譫妄狂躁症有多種面貌，每種都恐怖異常。住院醫師已為他注射了大量的精神抑制藥，但藥效尚未完全發揮。他現在充滿幻覺、偏執，幾乎語無倫次，同時也正經驗著幻視和幻聽。他讓我想到電影中所見陷於火中的馬，眼睛露出狂野的恐懼，身體卻驚嚇得無法動彈。

我將手稍加壓力地放在他肩上，輕輕地搖搖他，說道：「我是傑米森醫師，我們已經幫你注射了一些安定劑，我們要送你到病房，你很快就會沒事了。」他看了我一下，然後又開始尖叫。「你會沒事的，我知道你現在不相信，但你的病將會復原。」我把放在旁邊桌上的三大本就醫紀錄看過一遍，想著他無數次住院的經過，考量自己所說的話有幾分真實性。

惡性循環

我毫不懷疑他將復原，但會持續多久又是另一個問題。鋰鹽對他的病可產生出奇良好的療效，但每當幻覺和絕望無助的恐懼消失時，他就會停止服藥。我不需看他送進急診室時鋰濃度抽血檢查的結果，他血中的鋰濃度一定是零。其結果就是躁症發作，而接著必將出現的，則是自殺性的憂鬱症。他的生活會遭受難以言喻的痛苦和破壞，他的家人也不能倖免，而他憂鬱症的嚴重性正是躁症危險性的鏡中暗影。總之，他的病雖然嚴重，但並非不尋常，鋰鹽藥效良好，但他就是不吃。我在急診室內站在他身旁，從許多方面考量，覺得自己和其他人為了治他的病所付出的時間、精力和感情，好像都近乎枉然，或根本是白費功夫。

安定劑漸漸產生作用，他不再尖叫，也不再狂野地極力要掙脫束縛。他的恐懼減輕了，看來也不再那麼嚇人。過了一會兒，他以和緩模糊的聲音說：「傑米森醫師，不要走，拜託，請你不要離開我。」我向他保證會陪著他去病房。我知道自己是他所有住院過程、法院出庭、家庭會議和陰暗憂鬱過程中，始終如一的部分。我多年來擔任他的精神醫師，曾久聞他的夢想和恐懼，充滿希望但後來毀於一旦的人際關係，規模宏大而後來卻破碎不全的未來計畫。

我目睹他不凡的韌性、勇氣和機智，我相當喜歡、尊敬他。但因為他不斷拒絕服藥，我愈來愈受挫折。從我的親身經驗，我可以了解他對服用鋰鹽的顧慮。但也只能到某個程度，超過這個程度，我實在很難看著他一再重複如此可預期、痛苦和不必要的躁鬱症復發過程。

再多的心理治療、教育、勸說或強制，都無法發揮效果。醫療和護理人員提出的安排完全無效；家庭治療也幫不上忙；所有的住院、關係破裂、財務災難、失去工作、坐牢和平白浪費自己優秀、受過教育的創造性心靈也都無法產生影響；我或任何人想到的一切方法都沒有用。幾年內，我也請了幾位同事對他進行諮商，但他們和我一樣無法影響他，他密實的抗拒盔甲上沒有一絲縫隙。

我曾花幾個小時和我的精神醫師談論他的情況。除了尋求他的臨床意見外，也希望確定我個人停用鋰鹽的過程，並未產生不自覺或不願承認的狀況。他的躁鬱症發作愈來愈頻繁、嚴重，從未有奇蹟翩然而至，也從未能實現美好的結局。醫藥或心理學都無法影響他，使他能持續吃藥，讓自己不再發病。鋰鹽有效，但他就是不吃。我們的關係是有意義的，但仍然不夠。他的病情嚴重，最後因此而喪生。如同每年數萬名病患一樣，我們都只能為他們做到某種地步。這使我心神俱傷。我們每個人都在自己的限制中戰戰兢兢地行動。

注釋

1 多重人格障礙症（multiple personality disorder）在《精神疾病診斷準則手冊》第四版（DSM-IV）名為解離性身分障礙症（dissociative identity disorder）。

擁火自焚

我的頭腦病態得令人驚訝，
死亡和它的同夥經常與我為伍。
我眼見之處均是死亡的陰影，
凡此最終都將歸向藏骸之所。

我因為不願持續服用鋰鹽而自食苦果：經歷了完全發作的精神狂躁症，不可避免隨之而來的是漫長、令人深受折磨的黑暗自殺性憂鬱症，持續了超過一年半。每天從早上起床到晚上就寢，我痛苦悲慘得無以復加，根本無法快樂或積極努力。每件事（每項思考、言語和行動）都很費力，而原來閃亮的事物現也已平淡無味。

我自覺乏味膩人、能力不足、思緒不清、昏昧不明、反應遲鈍、無精打采，而且毫無生氣。我徹底懷疑自己能做好任何事。我的頭腦停緩，筋疲力盡，幾乎不起作用。這團不幸、錯綜複雜且混亂可憐的灰色物質唯一的能力，便是提醒我性格上一長串可怕的不足和缺點，使我飽受折磨，並以它全然絕望的現況來嘲笑我。

我會問自己：這樣活下去有何意義？別人則會告訴我：「這是暫時的，一定會過去。你絕對可以恢復。」但他們當然不知道我真正的感受，儘管他們以為自己了解。我不斷反覆地告訴自己：如果我無法感覺、無法行動、無法思考、無法關心，那麼我真的想不出活著還有什麼意義。

死亡陰影

我的頭腦病態得令人驚訝，死亡和它的同夥經常與我為伍。我眼見之處均是死亡；我在腦中看到包裹屍體的床單、死人腳趾上掛著的牌子和屍袋。每件事都令我想到：凡事最終都歸向藏骸之所。我的回憶總循著頭腦底部的黑色路線，不斷從過去某個痛苦片刻接到下一個，每次的駐足都比前一次帶來更多可怕的感覺。做任何事都很費力；洗頭必須花好幾個小時，而之後的幾小時也會感到疲累不已。我無法將水倒入製冰盒內，有時因為累得無法更衣，便穿著白天穿的衣服睡覺。

這段時間，我每週看二或三次精神醫師，而且終於又開始服用鋰鹽。他記錄我的用藥狀況，也記下了因憂鬱症而生、毫不留情，且無時無刻不在的絕望和羞辱：

「病人間歇性地有自殺傾向，想要從樓梯間跳下」；「病人仍具自殺危險，她完全不願接受住院治療。我認為病人不受制於『加州精神病患送醫法』」；「對未來感到絕望，害怕復發，而且害怕處理自己所感受到的感覺」；「病人對自己的感覺感到困窘不安，表明不論她的憂鬱症如何發展，她都不會『善罷干休』」；「病人憂鬱時，不願和他人相處，因為覺得自己是個令人無法忍受的負擔」；「害怕離開我的辦公室。已經幾天沒睡覺。絕望。」

此時我的憂鬱症曾稍微緩和，但之後又恐怖而無法避免地捲土重來。「病人覺得自己好像已經破碎，因憂鬱感重返而感到絕望。」

我的精神醫師一再想勸我住進精神病院，但我拒絕如此。想到要被關起來，遠離熟悉的事物，必須參加團體治療會議，必須容忍住在精神病房所遭受的屈辱和隱私受到侵犯，我便不寒而慄。當時我正在上鎖精神病房工作，但我可不希望自己沒有鑰匙開門。然而，我主要的憂鬱是擔心大家都知道我住過院，我的臨床工作和看診權在最好的狀況下可能會被暫停，最糟的話則可能會被永久吊銷。我一直拒絕自願住院，而且由於加州精神病患送醫規定是為方便律師保護其委託人而設計，其重點較不放在病患身上，所以即使我真的被強制住院，說服院方讓我出院應該也不會是件難事。且就算我住進精神病院，也不能保證我不會在病房內試圖自殺，精神病院發生自殺事件並不罕見。

不適人居的軀體

經過此次經驗後，我和精神醫師及家人訂下了明確的安排：如果我再度嚴重憂鬱，他們有權讓我同時接受電痙攣治療（electroconvulsive therapy，ＥＣＴ）及住院；前者是治療某些躁鬱症的最佳方法。

儘管那時我已接受了很好的醫療，但沒有任何方法能產生作用，我只想死掉，趕快了結此事。我決心要殺死自己。我冷靜無情地決定對自己的計畫及心事隱藏所有警訊。這點我做得很成功。我企圖自殺的前一天，我的精神醫師只記下：「嚴重憂鬱。非常安靜。」

一陣狂怒中，我扯掉浴室牆上的燈，感覺暴力通過全身，但仍留在體內。「老天爺！」他一面說著，一面衝進浴室，然後站在那兒，不發一語。天啊！我一定是瘋了，我可以從他眼中看出他的感覺：關切、恐懼、惱怒、無奈交集，而且為什麼會是我，上帝？他問道：「你有沒有受傷？」我轉頭，快速掃視的目光在鏡中看到血流下手臂，染紅了美麗性感的晨衣；僅僅一小時前，它還曾在另一種完全不同的美妙激情中發揮作用。「我沒辦法，我沒辦法。」我對自己低吟，但卻無法說出。話語無法從口中出來，而思緒又轉得過快。我不斷地用頭撞門。上帝請讓這件事停止吧！我已經無法忍受，我知道我又瘋了。

我想他真的關心我，但不到十分鐘。他也開始尖叫，露出狂亂的眼神，我的瘋狂感染了他，兩人之間的激奮雷電交加。「我不能這樣子丟下你。」但我說了一些非常不堪入耳的話，然後毫不誇張地想要扼住他的咽喉。他真的走了，我惹得他無法忍受，而他無法看出我內在的傷痛和絕望。我無法傳達此點，他也看不到此點，沒有任何事需要再做了。我無法思考，無法制止這種可怕的混亂。一小時前的偉大想法現在看來荒謬可憐，我的生命完全崩潰，更可怕的是它還具有破壞性。我的軀體不適人居，它狂怒悲泣，充滿失控的毀滅性和狂野精力。我在鏡中看到一個怪物，我不認識它，但它必定存在，而且和我一起支配我的頭腦。

我完全了解為什麼吉基爾會在海德[1]完全掌握自己之前自殺。我服下超量鋰鹽，心中無一絲悔意。

計畫自殺

在精神病學圈中，如果你殺了自己，你就有權利被視為「成功」地自殺。然而這種成功實在不要也罷。十八個月的自殺性憂鬱症發作時，其可怕程度難以言喻，因此那時我便確信，此疾是上帝使躁鬱病人留在他們所屬之地的方法。這確實有效。深沉憂鬱症的痛苦日日夜夜，如動脈血管般流竄全身。它是種無情、毫不容緩的痛苦，絕對找不到希望的窗口，除了陰冷不快的存在外，別無其他選擇。

感情思緒的冰冷暗流支配著充滿絕望、恐怖無眠的夜晚。將清教徒「成功」及「不成功」的觀念加諸於自殺這個可怕的終結，導致一種假定：那些連殺自己都「失敗」的人不僅脆弱，而且無能（連讓自己死亡都弄不好）。然而，自殺幾乎都是非理性的行為，極少能夠展現一個人情況較佳時的縝密智力。自殺通常是一時衝動，不見得會依照原訂計畫進行。

以我自己為例。我無法再忍受這種痛苦，無法容忍自己變成如此心力交瘁、惹人厭煩的人。我覺得無法繼續承擔使家人朋友混亂不安的責任，我的腦中產生一種執迷的連繫，認為自己就像小時候所見，為救人而不惜喪生的飛行員一樣。「自殺」，是我能為我所關心的人做到的唯一一件公平事；它對我個人而言也是一件明智之舉。就像一個人會將動物無痛苦地處死，使其不再受苦。

有一次我買了把槍，但由於靈光一現的理性思緒，我把這件事告訴了精神醫師，然後心不甘情不願地把槍處理掉。之後有好幾個月，我都到加州大學洛杉磯分校醫院八樓的樓梯間，不斷地抗拒讓自己向前一步，從窗台上墜落的念頭。自殺性憂鬱症不算是一種體貼、外放或想到他人的疾病，但想到我的家人必須去辨認落下後摔得支離破碎的我，就使得這個方法完全不可行。所以我決定採取自己認為象徵完整循環的詩意方式。最終拯救我生命的鋰鹽，在那個特別的時期只帶給我無盡的不幸和悲傷，所以我決定過量服用。

為了避免服下的鋰鹽吐出來，我曾到急診室拿了一張止吐藥的處方箋。當時朋友和家人配合精神醫師，組成非正式的「防範自殺看護」，我靜待其出現漏洞。萬事俱備後，我將電話移到房間外面，如此我就不會漫不經心地接起電話（我不能把電話拿起來，要不然看顧我的人便會有所警覺）。

珍貴的友誼

在一場劇烈爭吵後，我處於狂躁不安的暴力狀態，吞下一把一把的藥丸，然後就蜷縮在床上等著死亡到來。我並未考慮到一個人吃藥後的頭腦運作方式和警醒時不同，當電話鈴響時，我直覺地想去接，因此我在半昏迷狀態下爬到客廳的電話旁。我含糊不清的聲音使我哥哥有所警覺，那時他正從巴黎打電話來問我情況如何。之後他聯絡了我的精神醫師。

不是為了要自殺的話，服用大量鋰鹽實在不是件令人愉快的事。鋰鹽可用來教導土狼不再殺羊；通常只要土狼吃過一隻加了鋰鹽的羊屍後，牠便會難受到不再攻擊羊群。儘管我曾吃藥避免把鋰鹽吐出來，但我還是比土狼、比狗更難受。有幾天的時間，我在昏迷和清醒間徘徊，以當時情況看來，這樣也沒什麼不好。

我自殺前後一段很長的時間，受到一位友人嚴密的照料，他重新詮釋了友誼的概念。他是個精神醫師，也是個溫暖機智、充滿奇想的人，頭腦像個塞滿東西的閣樓。他深受各種古怪事物所吸引，包括我在內。他也寫一些引人入勝的文章，如〈肉豆蔻精神病〉、〈福爾摩斯的個人習慣〉等。他非常忠實，陪我度過許多夜晚，設法容忍我暴躁易怒的情緒。他毫不吝惜自己的時間和金錢，而且固執地相信我能走出憂鬱，最後終能欣欣向榮。

有時我會告訴他我真的需要獨處，但之後凌晨一、兩點，他還是會打電話來問問我的情況，他可以從聲音聽出我的心情如何。儘管我央求他不要管我，他仍會堅持要來看我。通常他的表面說詞是：「我睡不著，你不會拒絕陪陪我吧！」我非常清楚他只是要查看我的情況，我會回答：「我當然可以拒絕，別煩我，我的心情很爛。」幾分鐘後，他又會打電話來：「拜託、拜託、千萬拜託，我真的要有人作伴，我們可以找個地方吃吃冰淇淋。」於是兩人便會在一些不可思議的時間碰面，而我心中暗自充滿無法言喻的感激。他總能想出巧妙的辦法，使我不覺得自己像是他的沉重負擔。這是一場珍貴罕見的友誼。

幸運的是，他在週末也擔任急診室醫師。我試圖自殺後，他和我的精神醫師針對我的醫療和監督問題，想出一個計畫。我的朋友持續地看顧我，抽血檢查鋰及電解質濃度，並不斷地陪我散步，使我脫離用藥的影響。如同一個人將生病的鯊魚放在水箱中來回移動，使水能在牠的鰓間進出。只有他能在我病情嚴重時仍讓我大笑，當我極為易怒、煩亂或令人憂煩時，他能使我變得溫和平靜，這點和我丈夫一樣。我和我丈夫仍然分居，但還經常聯絡。這位朋友在我生命中最可怕的時期看護照料我，除了我的精神醫師和家人外，他是我最大的救命恩人。

生命中的陽光

我欠精神醫師的恩情難以言喻。在那些陰森恐怖的十幾個月中，我記得坐在他的辦公室內上百次，每次都想著：他到底還能說出什麼讓我情緒好轉，或願意活下去的話？有趣的是，他其實也不能說什麼。而我能活下去，正是由於他沒有說出那些愚蠢、一味樂觀和施惠的話，也由於我從他身上感受到無法言傳的同情和溫暖；由於他全心投入的智慧、時間，以及他堅定不移地相信我的生命有繼續活下去的價值。他非常坦率，這點非常重要。同時他願意承擔他所知和治療上的限制，也願意承認錯誤。而最難以言詞表達，卻能多方面闡明他對我的重要性，便是他使我體認到：從自殺返回生命是段寒冷的路途，只會愈走愈冷；但憑著鋼鐵般的意思、上帝的恩典及終將出現的轉機，我必能走出幽谷。

我的母親也很了不起。在我憂鬱症發作的漫長時期，她每日為我煮飯，幫我洗衣服，以及支付醫療費用。她忍受我的易怒和令人厭倦的陰鬱情緒，載我去看醫師，帶我到藥房，陪我購物。她就像一隻溫柔的母貓，啣起走失小貓的頸部，睜大她為人母的奇妙雙眼，以免我迷途太遠。她帶給我實質上及感情上的安全、食物和保護。她令人歎服的力量慢慢進入我枯竭的心髓，加上藥物治療頭腦，傑出的心理治療安定精神，才拉著我度過一天又一天的艱苦日子。

有時我掙扎著要講完一堂課，不知道自己所言是否合情合理，嘈雜可怕的混亂已偽裝成我的頭腦，而我只能透過它來完成講課。能讓我走下去的唯一動力，通常是多年前母親所灌輸的信念——意志、勇氣和責任，才能使我們的生存最後臻至人性崇高的境界。我人生途中遭遇的每場暴風雨，母親的愛及強烈的價值觀，都提供了有力的支持，如陣陣和風。

生命中所被賜與的事物具有廣大及無法理解的複雜性。父親在性格上給了我一匹狂野不羈、陰鬱難馴到極點的馬，牠沒有名字，也未受過約束。母親則教我如何安撫牠；給我愛和紀律來馴服牠。如同亞歷山大大帝曾如此直覺地了解他的愛馬布塞弗拉斯；母親了解且教導我：駕馭野獸的最好方法，便是使其面向陽光。

羞於啟齒

我的躁症和憂鬱症都有暴力的一面。暴力不是件容易啟齒的事，尤其是對一個女人而言。狂亂地失去控制（帶有攻擊傾向、扯開嗓門狂叫、漫無目的地狂奔，或衝動地想跳車），不僅令人驚恐，對個人而言，更是可怕得難以形容。這些都是我在盲目的躁症狂怒中曾做過的事，有些還不斷重複。我一直深切而痛苦地意識到，要控制或了解這種行為有多麼困難，而要向他人解釋清楚則更為不易。

在我精神病發作，也就是陰鬱焦躁的躁症期，我曾經毀壞自己珍愛的東西，使自己所愛的人瀕於崩潰邊緣，清醒後覺得自己永遠無法擺脫這種恥辱。我曾被粗暴可怕的力量限制行動；被拳打腳踢推倒在地板上；也曾被摔得趴在地上，雙手被縛在身後；或是被迫服用大量藥物。

我不知道自己如何從這些行為中復原，也不知道我和朋友、情人的關係如何，以及為何能撐過這種陰暗狂暴的沉重折磨。這種狂暴行為帶來和企圖自殺一樣的結果，使所有相關的人都心神受創。如同知道自己曾企圖自殺一樣，知道自己曾狂暴失控同樣使人不得不費力地調整自己，以面對完全偏離原來面目的另一個「我」。試圖自殺後，我必須調整心中的自我形象：一個充滿熱情、理想崇高、期望遠大、精力旺盛、對人生懷著夢想和愛的年輕女孩，必須面對那個單調乏味、悲痛易怒的女人，她一心求死，並為此服下足以致命的鋰鹽。而每次狂暴的精神病發作後，我也必須試著調整自我概念。我一向認為自己是個說話還算柔和且極為自制的人，至少對他人的情緒和感情都很敏感，現在則須面對那個狂怒、精神極度失常、口出惡言、完全喪失自我控制及推理能力的女人。

自我的現狀、自小家教所教導的正確待人之道，以及在可怕的黑色躁症及混合時期所發生的真實情況，此三者之間的差異失調確實存在，而且使人極為不安。我想，對於從小生長在備受保護的傳統環境中的女性而言，此種感覺更為強烈。這些不協調，和母親的優雅溫柔相去甚遠，和之前的安靜歲月差距更大。那時，生活中只有海軍舞會、塔夫綢和絲質禮服與長及肘間的優雅手套，手腕處還綴有珍珠鈕釦。那時除了赴軍官俱樂部的週日晚宴前，確定絲襪的縫線已經拉得筆直外，別無其他憂慮。

我在生命最重要的成型階段中，所處的世界凡事均循規蹈矩，我學到要體貼別人、謹慎周到而且行為節制。我們全家每週日上教堂做禮拜，我答覆大人問話時，結尾都加上「女士」或「先生」。父母所鼓勵的獨立特質也屬於智力方面，而非主張作怪搗亂的社會行為。

然後，我突然間變得失去理性，充滿破壞性，難以預期而且無法控制。禮儀和規範都不能克服這種情形，上帝顯然已無處可尋。海軍正式舞會、志願當護理師助手都不足以為抵禦瘋狂做好準備，也不是其對手，它們原就不是為了此目的而存在。無法控制的憤怒及暴力非常可怕，和文明、可預期的世界距離甚遠，難以相容。

從有記憶以來，我就傾向於強烈豐富的情感，愛情和生活都如戴爾摩・史瓦滋（Delmore Schwartz）所說「逼近狂喜關頭」。然而，狂喜的另一面總是容易激動且一觸即發。這些激烈的情緒並非一無可取，至少開始時是如此，除了為我的個人生活添上某種浪漫的動盪外，這些情緒多年來也是我專業生涯中一股強大的助力。它的確觸發推動了我大部分的寫作、研究及倡導工作，使我勇於去嘗試並且真正產生影響，也使我對現狀感到不耐，且無休無止地希望經歷更多。但當這些不耐、激情或無休止變成過度的憤怒時，我心中總會有揮之不去的忐忑不安。憤怒似乎和我從小所仰慕的那種溫柔、家教良好的女性格格不入。

憂鬱與女人

憂鬱症和社會上所認同的女性特質顯然相符得多：被動、敏感、絕望、無助、受苦、依賴、混亂、無趣、志向乏善可陳。另一方面，躁症則似乎更源自於男性特質：躁動不安、激進易怒、變化多端、活力充沛、喜愛冒險、浮誇空想、對現況感到不耐。男人的憤怒或煩躁在如此狀況下較易為人容忍及理解；領導或參與航行的人享有較大的喜怒無常空間。

新聞工作者和其他作家自然較著重女性和憂鬱症的關係，而女性和躁症的關係則鮮少為人注意。這也不足為奇，因為患有憂鬱症的女性是男性的兩倍，但女性和男性患有躁鬱症者數目相當，而且在較為常見的狀況下，躁症最終影響了多數的女性。她們通常被誤診，如果能接受精神治療的話，醫療品質也很低落，同時極有可能自殺、酗酒、濫用藥物及出現暴力行為。但她們和患有躁鬱症的男性一樣，通常能對身邊的人及社會貢獻出大量的精力、熱情、衝勁和想像力。

躁鬱症能承載生命，亦能使其覆沒。火之為物，既能創造亦能毀滅。迪倫・湯瑪士[2]寫道：「通過綠色導火線催促花朵的力量，成就了我的青澀歲月；扼絕了群樹之根／即是我的毀滅者」，躁症是一種奇特的推動力，一個毀滅者，血中的一團烈火。還好血中帶有烈火在學術醫學界並非一無可取，尤其在爭取終身教職的過程中更是如此。

注釋

1 吉基爾與海德（Jekyll & Hyde），十九世紀英國小說家史蒂文生所著小說《化身博士》（*Dr. Jekyll and Mr. Hyde*）中，吉基爾醫師為一善良紳士，因服用自己發明的藥而變成另外一個凶殘的人——海德，並可在兩者之間往返變化。

2 迪倫・湯瑪士（Dylan Thomas, 1914-1953），英國詩人，作品多為探索生與死、愛情與信仰之主題。

血腥的戰爭

我像實驗鼠一樣，在終身教職的迷宮中跑來跑去，最後終於走了出來。在慶祝宴會上，一位男同事將酒瓶遞給我，說：

「恭喜你，教授。歡迎加入純男性俱樂部。」

「終身教職」是一流大學所能提供最接近流血運動的一種競賽；競爭激烈、需全心投入、刺激、快速、毫不留情，而且非常男性取向。在大學醫學院任教，除了平常的研究和教學工作外，還須從事各種臨床工作，在其間爭取終身教職，使每件事的難度都增加數倍。綜而觀之，集女性、非醫師以及躁鬱症患者於一身，實在不是爭取終身教職的最佳組合，尤其此路之難，惡名昭彰。

獲得終身教職對我而言不只是學術及財務的保障。因為初任助理教授幾個月後，我便首度經歷了精神性躁症發作。之後從一九七四年到一九八一年獲得終身教職，其中的艱辛，遠超過在競爭激烈的學術醫學界出頭具有的難度。更重要的是，這些年刻畫了我努力保持神智清明、避免走上絕路，以及面對自己疾病的深刻過程。隨著時光流轉，我的決心愈來愈堅定，希望能由所遭受的痛苦中取得一些正面的結果，試著使我的疾病能有所進展。終身教職成為可能帶來轉機的一個時刻，它同時象徵著我渴求的穩定和我所尋求的最終認可，代表我已經在正常世界中投入競爭，並活了下來。

興趣廣泛

我被派至成人住院病房，開始教學及臨床工作。不久後我就變得焦躁不安，更別說還要面無表情地詮釋住院病人心理測驗的結果。平日試著要解讀羅夏克墨漬測驗已像在猜謎探險，現在更常令我覺得自己還不如去解釋塔羅牌或星象圖。這可不是我拿博士學位的目的。我開始了解鮑伯・迪倫所謂的：「受了二十年學校教育後，他們才安排你輪值日班。」不同的是，我念了二十三年書，卻還必須上不少夜班。

我擔任教授的最初幾年，學術興趣分散得十分廣泛，幾近荒謬程度。除了別的事之外，我還展開一項研究蹄兔、大象和暴力的計畫（校長庭園宴會後的餘波）；撰寫研究所時研究迷幻藥、大麻和鴉片製劑的結果；考慮和哥哥合作，研究海狸築壩行為的經濟意義；在麻醉學系執行疼痛研究及探討假性胸部症候群（phantom breast syndrome）；和他人合寫大學用異常心理學教科書；和他人一起研究大麻能否減輕癌症病患接受化療時的噁心及嘔吐，還有試著找出一種合理的方式，以便在洛杉磯動物園進行動物行為研究。

以上種種工作太多而且太分散。我個人的興趣終於使我將焦點放在我所做的事及其原因之上，我逐漸縮小自己的工作範圍，專注於情緒失調之研究和治療。

其後，我更明確而且不令人意外地對躁鬱症特別感興趣，我一心一意想要改變社會看待及治療躁鬱症的態度。我和兩位研究治療情緒失調相當有經驗的同事決定在加州大學洛杉磯分校設立門診，專門診斷及治療憂鬱症和躁鬱症。我們從醫院獲得足夠的經費請個護理師，買些檔案櫃。醫學主任和我花了幾週時間，規劃診斷及研究表格，然後制定一項教學計畫，符合臨床輪流實習及受訓經歷的標準，適用對象為第三年住院醫師及博士前心理學實習醫師。儘管因為我並非醫師卻擔任醫療門診的主任，曾引起一些反對聲浪，但大部分的醫院同事都支持我，特別是門診的醫學主任、精神病學系主任及神經精神病學研究院院長。

情感性疾病

幾年內，加州大學洛杉磯分校情感性疾病門診（UCLA Affective Disorders Clinic）成為一所大型的教學研究機構。我們評估治療數千名情緒失調的病人，進行大量的心理學及醫學研究，並且指導精神科住院醫師及臨床心理學實習醫師如何診斷和照顧情緒失調病人。

這個門診成為廣受歡迎的訓練場所，它是個人們匆匆來去、忙碌且充滿緊急狀況和危機的地方，原因在於所治療的疾病特質和嚴重性。但它通常也是個溫暖而充滿歡笑的地方，醫學主任和我不僅鼓勵努力工作和長時間投入，也非常贊同下班後的作樂舞會。治療具自殺傾向、精神錯亂及潛在暴力的病人，必須承受相當大的壓力，我們嘗試盡可能指導實習醫師及住院醫師的臨床工作，並給與支持。

災難性事件相當少見，但某次一位才華洋溢的年輕律師拒絕所有勸他住院的努力，並槍擊頭部自殺。事發後，教員、住院醫師及實習醫師不斷召開小組或較多人參與的會議，希望了解事情始末；他們不僅要安慰遭受重創的家人，同時也要支持主要負責臨床工作的人員。在這樁特例中，住院醫師已盡其所能，但仍因病人死亡而深受打擊。諷刺的是，最能幹認真的醫師所感受到的失敗及痛苦也最深。

我們極為著重藥物及心理治療並用，不主張僅單獨使用藥物；我們同時也強調教育病人及其家屬了解病況及治療方法的重要性。我自己身為病人的經驗，使我特別意識到心理治療對病人了解其病痛的原因有多重要；它能使病人活得夠久，有機會痊癒；它能幫助病人學會如何克服服藥的忿恨，面對不服藥的惡果。

除了教導鑑別診斷、精神藥理學及情緒失調臨床管理等基本事項外，大部分的教導、臨床工作及研究皆環繞幾個中心議題：病人為何抗拒或拒絕服用鋰鹽及其他藥物，最可能導致自殺的臨床狀況，以及如何減輕其影響；心理治療在憂鬱症及躁鬱症的長期效果中所扮演的角色；以及輕微躁症狀態下隨之而生的正面因素：精力及感知能力增強，思考的靈活度和獨創性提升，情緒經驗強烈振奮，性慾增強，視界擴大，把握靈感的時間較久。我試著鼓勵臨床醫師將此看作是一種利害互見的病，而且對許多人來說，這些醉人的經驗本質上會使人成癮而難以自拔。

躁鬱症音樂會

為了讓住院醫師及實習醫師對病人的躁症及憂鬱症經驗有些概念，我們鼓勵他們閱讀病人及罹患情緒失調作家的直接描述。同時我也開始在聖誕節時向住院醫師及門診同事演講，內容著重於介紹患有嚴重憂鬱症或躁鬱症的作曲家的音樂作品。這些非正式演講衍生成一場音樂會，由我和擔任洛杉磯分校音樂系教授的一位友人在一九八五年舉辦，當時合作的對象是洛杉磯愛樂交響樂團。

為了提升大眾對精神疾病，尤其是躁鬱症的了解，我們向樂團的執行總監提出建議，希望節目內容以曾罹患躁鬱症之作曲家的生平及音樂為主，如舒曼、白遼士及伍爾夫等。愛樂表現得非常積極合作，而且所洽談的費用也處處優待。不巧的是，在我簽約數天後，加州大學宣布將開始一項重大的財務擴展活動，教員不能再個別向私人贊助者募款，我因而身負兩萬五千美元的債務。如一位朋友指出，這筆錢要靠音樂會門票收入支付，數目似乎過於龐大。

儘管如此，當天加州大學洛杉磯分校的羅伊斯廳座無虛席，音樂會圓滿成功。這也為一系列在全美各地舉辦的音樂會揭開序幕，其中也包括我們在華府甘迺迪中心和美國國家交響樂團合作的一場音樂會；它也蘊生了第一部由我們製作的公共電視特別節目，其後整個系列都是以躁鬱症和藝術為主題。

在設立及管理門診的過程中，我一直獲得系主任的支持，實在非常幸運。他支持我擔任一個醫療門診的主任，儘管我並非醫師出身，儘管他知道我患有躁鬱症。他並未以我的疾病為理由限制我的臨床及教學工作，反而在確定我正接受良好的精神治療，而且門診的醫學主任也在了解我的情況後，鼓勵我運用自身經驗來嘗試發展更好的療法，協助改變大眾的態度。雖然他從未透露，但我想系主任在我第一次嚴重精神性躁症發作後，就知道我患有此疾，因為我的病房主任知道，我想訊息大概就是由此傳至上層。

無論如何，系主任一直將此事完全視為一個醫療問題。他在某次會議時走到我身邊，第一次提到這件事。他把手放在我肩上說道：「我知道你有些情緒問題，我很難過。看在老天爺的分上，你可要好好地服用鋰鹽！」此後，他偶爾會問我情況如何，確定我仍在服藥。他非常直截了當，大力支持，從未表示要我停止或減少臨床工作。

擺盪潮汐間

然而，公開和他人討論我的疾病令我非常憂慮。第一次精神性躁症發作之後很久，我才收到「加州醫學檢查人員委員會」（California Board of Medical Examiners）所核發的執照。在開始服用鋰鹽到通過理事會的筆試及口試期間，我看到很多醫學院學生、臨床心理學實習醫師及住院醫師因精神疾病而無法獲准繼續研讀（這種情況現在已較為罕見）。事實上，大多數的研究所及醫學院均鼓勵患病學生接受治療，並盡可能重返臨床工作。但我在加州大學洛杉磯分校擔任教員的最初幾年，一直深怕有人發現我的疾病，深怕會被舉發到醫院或是核發執照的委員會，也深怕我必須放棄臨床工作及教學。

這個工作在許多方面都須承擔巨大的壓力，但多數時候我熱愛如此。學術醫學工作提供了有趣且豐富多變的生活方式，相當多的旅行，而且大部分的同事都精神抖擻。儘管必須兼顧臨床工作、發表文章及教學，壓力頗為沉重，但他們一般都能有所成就。但無論多細微的情緒起伏，都會使這些壓力更加巨大，那時我雖已服用鋰鹽，情緒仍持續起伏不定，直到幾年後才真正趨於平和。當我沒病時，便是寫作、思考、診視病人及教學的大好時機。當我生病時，情況則慘不忍睹。連續幾天或幾週，我都將「請勿打擾」的牌子掛在門上，呆呆地看著窗外，睡覺、考慮自殺，或看著我的天竺鼠在籠中拚命打轉（這也是我躁症發作時瘋狂採購留下的紀念品）。這些時候，我不能想像自己還能再撰寫文章，也無法了解想要閱讀的期刊內容。指導及教學都是折磨。

但這種情況如潮汐漲落。憂鬱時，我腸枯思竭而且無法動筆。而在躁狂（或者該說輕微躁狂）時，我能在一天內寫出一篇文章，靈思泉湧。我會設計新的研究，趕完病歷和信件，而且「消滅」部分擔任門診主任必須應付的成堆官僚文件。和生命中其他事情一樣，陰森通常因壯麗而消泯；同樣的，壯麗也會因陰森而失色。這是一種迴旋起伏卻強烈激情的生活：美妙、恐怖、可怕、難到無法言喻、簡單處至為美好且出人意表、複雜、極端有趣，是一個無法逃脫的噩夢。

還好我的朋友不是本身也有些起伏不定，就是對我情緒的混亂基調寬容有加，我擔任助理教授時，和他們相處甚久。我也時常因公事或休閒而出外旅行，並和住院醫師、朋友、同事打壁球。

然而，因為鋰鹽影響了我的協調性，所以運動的樂趣只能淺嘗而已。這不僅限於壁球，騎馬時尤其明顯，後來因為在跳躍時摔了太多次，有幾年我必須停止騎馬。我現在已能回首當時，而且釋然地想道，事情也許並非那麼糟。但事實上，每次我必須放棄一項運動時，我失去的不僅是那項運動的樂趣，同時也要放棄自己曾是運動員的那部分認知。躁鬱症強迫一個人面對老化的許多層面，它所帶來的身心虛弱，使人未老先衰。

牡蠣先生

生活步調快速，橫衝直撞地爭取終身教職及同事的認同，持續以瘋狂的速度進行著。正常狀況下，瘋狂的速度顯得還不錯；當躁症發作時，這樣的節奏顯得緩慢；而當憂鬱症來臨時，這樣的速度簡直令我望塵莫及。

除了我的精神醫師外，我別無對象可以傾訴自己所面對的困難。也許可以找到對象，但我從未想過要去嘗試，因為在成人精神病學部門，女性如鳳毛麟角。本系僅有的少數女性均集中在兒童精神病學方面。她們無法提供任何保護，幫助我抵抗陰暗處的討厭鬼，而且她們自己的地方就有夠多討厭鬼要應付了。儘管大多數的男同事都很公平正直，其中許多人更極為支持。但有些人所抱持的女性觀點之荒謬，除非親身經歷，否則難以置信。

牡蠣先生就是這樣的人，能讓你經歷上述的體驗。牡蠣先生的封號得自於他的圓順滑溜。他是位資深教授，一副施恩嘴臉、自命不凡，而心智及情感的複雜程度卻只能達到小型軟體動物的地步。他想到女性時，考量的是胸部，而非頭腦，而大部分女性兩者兼具的事實似乎總令他感到不悅。他也認為，誤入學術醫學界的女性基本上就有缺陷，由於我特別不願接受差別待遇，所以更令他生氣。我們在系上的「任用升級委員會」共事，十八名成員中只有我一個女性。當他總算在會議上露面時（牡蠣先生一向以最少在醫院出現，卻賺最多錢而惡名昭彰），我就會盡量坐在他的正對面，看著他極力想要保持一貫的彬彬有禮卻不成的窘態。

我知道他認為我有點怪胎，但因為還不是非常可怕嚇人，所以一樁好婚姻也許還可以拯救我。而我則會虛偽地恭賀他，因為他的努力，而致招收了更多女性進入本系。他頭腦不靈光的程度正好和欠缺機智不相上下，當然他也從未試著針對後者稍作努力，所以他便會懷疑地看向我，投給我一個迷惑氣惱的苦笑。他的可笑原來可以令人喜愛，但他在系上舉足輕重，而且處處行事都清楚表明他對女性的偏見——他語帶雙關的色情意味不堪入耳；他對我或其他女實習醫師、住院醫師說話時，表現出的高高在上態度，則令人火冒三丈。

在許多方面，他是他自我的一幅諷刺漫畫，但在他手下做事的女性，卻像在百米短跑中比別人晚十秒起跑。還好在核定終身教職的過程中，有許多既定的相互制衡，而且至少在我最為熟悉的加州大學和約翰．霍普金斯大學，我覺得整個系統相當公平。然而像牡蠣先生這類角色，當然也不會使終身教職變得更易取得。

加入純男性俱樂部

我像實驗鼠一樣在終身教職的迷宮中跑來跑去，最後終於走了出來。我接到校務委員寄來的信，通知我已晉升到學術迷宮的第二層——等待機會的位置，如煉獄般的副教授職位。我連續慶祝了好幾個星期。我的好友在某個迷人的加州夜晚舉辦了一場嘉宴，邀請大約三十位賓客。花園內的露台上滿綴著鮮花和蠟燭，美麗絕倫。我的家人提供香檳和送我做為賀禮的巴拉卡水晶杯，我玩得很盡興。家人和朋友比任何人都了解慶祝獲得終身教職的宴會有雙重意義：一方面是慶祝多年和嚴重精神疾病抗爭有成；另一方面也是慶祝通過一個重要的學術儀式。

然而，當一位同事拿了一些俱樂部的酒來我家時，我才充分理解終身教職的意義。這位同事是純男性的「波西米亞俱樂部」成員之一，他遞給我酒瓶時說道：

「恭喜你，教授。歡迎加入純男性俱樂部。」

Part Three

——愛情的滋味

此處和他無回憶牽連！

我卻獨立憔悴，懷念斯人……

軍官與紳士

一位高大、長得很帥的男人走進來，
他看著我，面露悅人的笑容。
原來他是英國皇家陸軍醫療隊的精神醫師，
目前正在休假。

我曾經真的相信，人生中必須經歷的痛苦是有一定限度的。躁鬱症帶來的苦難和不穩定如此嚴重，我以為生命中將會出現一些轉機來平衡傷痛。然而，我也相信自己能飛越星際，在土星的光環上滑行。也許我的判斷不夠完善。羅威爾雖然經常瘋瘋癲癲，但卻難得愚蠢，他洞察世情，知道快樂可不會如此純粹，他說：「如果我們在隧道盡頭看到燈光，那是正迎面而來的火車所發出的。」

因為鋰鹽、時光流轉及一位高大英俊的英國人對我的愛，使我有一陣子以為看見了隧道盡頭的光。儘管仍捉摸不定，我還是感覺得到好像可以重回溫暖安全的世界。我了解到心靈奇妙的癒合能力，只要有些許機會便得以重生；我也了解到耐心和溫柔能將嚴重破碎的世界重新拼貼完整。上帝拆成碎片的世界藉著一種鹽類元素、一位優秀的精神醫師和一個人的仁慈及愛意，幾乎又可恢復如常。

英國情人

我第一次和大衛見面，是在加州大學任職的頭一年，當時是一九七五年初。六個月前，我已經明顯地陷入瘋狂，我的頭腦逐漸編織成另一種相當易碎，但和過去隱約一致的存在。我的心靈在薄冰上滑行，情感耗竭。我的真實生活大部分是活在巨大的內在陰影狹縫間，但外在的行動，在我所謂正常的同事間，還算處於保守範圍內，所以至少就專業角度而言，表面一切良好。

在這個特別的日子裡，我帶著慣有的惱怒打開通往住院病房的門。原因不在於病人，而是因為要開工作人員會議，這意謂著護理師會將他們集體的怒氣發洩在精神科住院醫師身上，而後者則相對會令人不悅地老神在在，知道他們擁有最終的權威和較高的地位。病房主管則是無可救藥地起不了任何作用，只會讓憤恨、嫉妒和個人敵意主宰整個會議。在這個特別的病房中，照料病人的重要性經常不及工作人員的神經質、兩敗俱傷的爭鬥和自我耽溺。拖到不能再拖了，我才走進會議室，找了張炮轟範圍之外的椅子坐下，靜觀將會發生何種無法避免的不愉快事件。

令人驚訝的是，病房精神醫師和一位高大、長得很帥的男人走進來，他看著我，面露悅人的笑容。原來他是訪問教授，服務於英國皇家陸軍醫療隊，擔任精神醫師，目前正在休假。我們一眼便喜歡上對方。那天下午，我們在醫療餐廳喝了杯咖啡，我發覺自己以一種好久以來未曾有過的坦白態度和他相處。

他的聲音柔和，安靜體貼，而且不會太過觸痛我傷痕未癒的靈魂。我們都愛音樂和詩，都具有軍人背景，而且我曾在蘇格蘭和英格蘭讀過書，對於城市、醫院和鄉間有共同的經驗。他對英美兩國精神醫療的差異很感興趣，所以我請他對我一位最難應付的病人進行諮商，這個精神錯亂的女孩認為自己是女巫。他很快看過醫療和心理治療紀錄，這些都是一點一滴從她警戒受驚的心靈中挖掘出來的。他對她的仁慈超乎想像，但仍維持醫師的專業態度，而她感覺到她能夠毫無保留地信任他。這和我後來的感覺一模一樣。他就事論事，但卻親切熱情。我喜歡看他溫柔地措詞複述她的問題，來贏得她的信任，解除她偏執的防衛。

大衛在加州大學洛杉磯分校的幾個月中，我們經常一起午餐，通常是在學校的植物園內。他不斷邀我共進晚餐，我也不斷拒絕，因為在和我丈夫的第一次分居後，我們又繼續住在一起，且仍有婚姻關係。大衛返回倫敦後，雖然我們偶爾會通信，但我全神貫注於教書、主持門診、爭取終身教職及處理婚姻問題。我又經歷了一次可怕的躁症，而如同日夜更換一般，緊隨而來的是很久、令人動彈不得的憂鬱症。

結束婚姻

雖然我和丈夫仍是親密朋友，而且經常見面，但我們的婚姻關係終於無法修補了。從我第一次躁症發作時衝動離家後，我想我們的婚姻就已毫無希望。我們都曾再次嘗試，雙方聊得很多，許多次吃飯飲酒時，討論彼此的錯誤及繼續走下去的可能性。我們之間有許多善意和關懷，但我病發後的種種事件使我們的婚姻關係再也無法挽回。這期間，我寫信告訴大衛，我再度而且終於和我丈夫分手了。

生命繼續，模糊地交織著門診會議、撰寫論文、診視病人以及教導住院醫師、實習醫師和研究生。我活在憂懼中，深怕有人會發現我曾病得很嚴重，而且當時仍十分脆弱。不過，敏感性和敏銳的觀察力並不一定是學院精神病學家在行的事。這點很奇怪，但也讓我深自慶幸。

大衛離開加州大學洛杉磯分校十八個月後，有一天我回到辦公室時，發現他坐在我的椅子上，手中玩著鉛筆，滿臉笑容。他邊笑邊說：「你現在願意和我一起吃晚餐了吧！我已經等了好久，而且經歷了長途跋涉。」我答應了。在他返回英國前，我們在洛杉磯共度了數日美妙的時光。他要我到倫敦和他住幾個星期，而當時我經歷了持續甚久的自殺性憂鬱症，仍在慢慢復原中。我的思緒停滯，感覺灰暗，幾乎達到無法忍受的地步。但我不知怎地相信，和他在一起事情將會好轉。

英倫之旅

事實的確如此，而且程度難以估量。我們在聖詹姆士公園享受暮春夜晚長長的散步；在他的俱樂部共進晚餐，俯瞰泰晤士河；我們在海德公園野餐，而他的住處就在對街。疲乏、警戒及失去信仰的陰鬱消除了，我開始再度享受音樂和繪畫，重新開始歡笑，開始寫詩。長夜與清晨沉浸在美妙熱情中，使我又能重新想到生命的感受對愛的重要性，及愛的感受對生命的重要性。

大衛白天在醫院工作，我則重新融入曾熱愛過的倫敦，在公園內散步很久，多次參觀泰特美術館，在維多利亞及亞伯特廣場附近閒逛，漫遊自然歷史科學博物館。

我接受大衛的建議，乘船從西敏寺碼頭到格林威治，再乘船回來。另一次，我搭火車到坎特伯利（Canterbury）。我已多年未到此地，過去只以狂躁的目光看過它，但未曾忘懷。我一直對此地有著縈繞不去的神祕回憶：深沉富麗的彩繪玻璃、冷肅的聲音、貝克特[1]遭謀殺之處樸素而陰森、大教堂地板上構圖強烈而瞬間即逝的光影。此次，我跪著卻不覺狂喜，禱告卻缺乏信仰，只感到自己是個闖入者。和以往一樣，我總是感受到坎特伯利較為安靜柔和的一面。

我跪在那兒，心中卻毫無神的存在，突然想到昨晚忘了服用鋰鹽。我從皮包內拿出鋰鹽，打開瓶蓋，一下子把所有的藥丸掉在大教堂的地板上。地板很髒，周遭都是人，我實在不好意思彎下身去撿藥丸。

此時我不僅困窘不安，也像遭到報應一般；這意謂著我必須請大衛幫我開處方箋，當然，也就表示我必須告訴他我的病。我忍不住想到，上帝每次開啟一扇門的同時，便會關上另一扇。我心中充滿苦澀。然而，我不能沒有藥物，上次我停用鋰鹽後，躁症幾乎立即發作。我實在不可能再撐過像前一年那樣的生活。

告白

那天晚上睡覺前，我告訴大衛我患有躁鬱症。我擔心他的反應，同時氣自己為何不早點把這件事告訴他。他沉默了很久，我看得出來，他正在把我的話所代表的醫學及個人意涵理出個頭緒來。我並不懷疑他愛我這個事實，但他和我一樣清楚了解躁鬱症的過程有多麼不穩定。

他是個陸軍軍官，家庭極端保守，他熱切希望有孩子，而躁鬱症卻是遺傳疾病。躁鬱症是大家閉口不談的一種病，它不可預測，而且會致命。我真希望沒有告訴他這件事，我希望自己是正常的，我希望自己是在任何地方，只要不在此時此地。我覺得自己像個蠢蛋，還奢望任何人都能接受我剛才所說的話。我等著接受一些婉轉有禮的告別詞，畢竟我們還沒結婚，而且也尚未長時間的認真交往。

終於，永恆的等待結束了，大衛轉向我，手臂圍著我，柔和地說：「真倒楣。」我頓時鬆了一口氣，同時也為他話中的絕對真實性而震撼。這真是一件倒楣的事，終於有人能夠了解此點。當時，我除了感到寬心外，存在腦中的細小破碎幽默感則產生另一個完全不同的想法。大衛的措詞有點像直接引自一本伍德霍斯[2]的小說。我告訴他這個想法，提醒他伍德霍斯描寫的那個角色抱怨道：「沒錯，他並非不滿，但他可也不是完全滿意。」我們為此笑了很久，當然有些緊張不安，但已經打破了一些令人難受的沉默。

大衛無比仁慈，全心地接納。他問了許多問題：我經歷過哪些狀況？最可怕的情況為何？最令我心驚的是哪種情況？當我發病時，他該如何幫我？經過這次談話後，每件事都變得較為容易。我第一次覺得自己不再孤軍奮戰，不再孤獨地面對所有的痛苦和不確定。我知道他真的想要了解我的病，並且照顧我。

從那晚起，他就開始行動了。我告訴他由於服用鋰鹽後，產生較罕見的副作用，影響視力及注意力，我基本上無法一次閱讀超過兩段文字，所以他就唸給我聽。他在床上朗誦詩和柯林斯[3]、哈代的作品，一隻手臂擁著我，不時輕撫我的頭髮，好像我是個孩子。逐漸地，以無限的耐心和機智，他的溫柔（以及對我和我基本健康所具有的信念）逐退了噩夢般的恐懼，使我不再憂心突如其來的情緒和暴力。

大衛一定很了解我已對回復本來面目感到絕望，因為他開始一步步地以他的方式消除我的疑懼。第二天晚上回家，他告訴我有兩位資深的英國陸軍軍官邀請我們共進晚餐，這兩人都患有躁鬱症。我們和這兩位先生及夫人共度的夜晚令人難忘。其中一位是將軍，風度優雅迷人，非常聰明，其神智正常，不容置疑。有時他的眼神會流露焦躁不安，言談間略帶藉譏諷而沖淡的悲傷。但除此之外，他就像一般會在倫敦或哈佛晚宴上遇到的類型——生氣蓬勃，很有自信，能夠娛樂他人。

另一位軍官也非常特別，他熱情機智，說話時和將軍一樣帶著「極為、極為」上流社會的口音。他的眼中也偶爾會出現哀傷的表情，但他是個很棒的同伴，多年來一直是我的好友。

兩次晚宴都沒有人提到躁鬱症。事實上，對我非常重要，給與我極大鼓勵的，正是這兩個晚上的正常狀態。介紹我認識這兩位如此「正常」的人，且都來自我從小便熟悉的世界，只是大衛多項直覺的仁慈行為之一。史蒂文生[4]曾寫道：「人類仁愛的歷史，使得這個世界令人較能忍受。如果不是因為如此，因為仁慈的話語、仁慈的注視、仁慈的書信……我將會認為生命是個百無聊賴的笑話。」認識大衛後，我感受到的世界再也不會百無聊賴了。

客死異鄉

我離開倫敦時，心中充滿了憂懼。不過，大衛經常寫信和打電話給我。深秋，我們在華盛頓相聚。我終於又能感覺到自我的存在，得以盡情享受睽違多年的生活樂趣。那段十一月的時光，在我記憶中揉和了冷天裡長時間的漫步、探訪古老房子及一些年代更久遠的教堂、安納波利斯（Annapolis）十八世紀的花園，覆蓋著薄雪、結冰的河流蜿蜒流入奇沙比克灣，充滿柔情和濃烈的浪漫。雪莉酒及晚餐時漫無邊際的隨興閒聊，填滿了晚上時光；夜間則享受做愛的歡悅和久未能得的安眠。

大衛返回倫敦，我也回到洛杉磯。我們經常寫信、打電話、思念對方、埋首於彼此的工作與生活。五月，我重回英國，我們在倫敦、多塞特郡和德文郡過了兩週春末溫暖漫長的時光。某個星期天早晨，做完禮拜後，我們走上小山丘，傾聽教堂的鐘聲。我注意到大衛停下來，站著不動，而且呼吸沉重。他開玩笑說是因為晚上運動太過激烈，我們都笑了，也沒有多想此事。

大衛調職到香港的英國陸軍醫院。他計劃好要我去那裡找他，寫信詳盡地告訴我他所安排的晚間活動，他想介紹給我認識的人，以及將在附近小島共享野餐的計畫。我迫不及待地想再見到他。然而，就在我要飛去與他相聚之前的某個晚上，我正在家中撰寫一本教科書的篇章，有人敲門。當時時間已晚，而且我並未和人有約，更奇怪的是，我忽然想到母親說飛行員的妻子最怕軍中牧師來敲門。我打開門，是位外交信差送來大衛的長官所寫的信。大衛在尼泊爾首都加德滿都執行一般性醫療任務時，因嚴重心臟病突發而去世。那年他四十五歲，我三十二歲。

我幾乎渾然不覺此事的發生。我記得自己坐下來繼續工作，寫了一段時間後，打電話給我母親，之後也和大衛的父母及長官談了話。即使在我們討論喪禮的安排時，他的去世對我而言仍毫不真實。由於陸軍方面要先驗屍，然後才能將大衛的遺體送回英國，喪禮的時間將會延遲多日。我在極度震驚的狀態下，做了一些安排：訂了機位、第二天早上教了一門課、召開門診工作人員會議、換領護照、收拾衣物、小心地把大衛給我的信放在一起。上了飛機後，我按照時間順序把信排好，決定要等抵達倫敦後再重讀這些信。第二天，我坐在海德公園內要讀信時，發現自己只讀到第一封信的一半，便開始無法控制地啜泣。直到今日，我仍未能打開或重讀他寫給我的信。

我到哈洛德百貨公司買了一頂喪禮時要戴的帽子，然後和大衛的長官在他的俱樂部吃午飯。他的職務是英國陸軍精神科總醫師，性格親切率直，通情達理。他習於面對丈夫突然死亡的婦女，看得出她們會不顧一切地拒絕接受現實，他也清楚了解我根本還沒開始理解大衛已經走了這個事實。

他花了很長的時間和我談大衛，談他們多年來的友誼和工作關係，說大衛是個很棒的醫師和同僚。說他認為讀一部分驗屍報告給我聽，或許將使我「非常難過，但會有好處」。表面上，這是要向我說明大衛的心臟病突發極為重要，任何治療或醫學手術都幫不上忙。但實際上，他清楚地了解到，冰冷而不帶感情的醫學用語將會搖醒我，使我開始面對這件事的終結意涵。這種方式當然有用，雖然，我跌入現實的大部分原因並非那些可怕的醫學細節，而是准將的話：「一名年輕軍官將會伴隨羅瑞上校的遺體，乘坐英國皇家空軍軍機，由香港至布萊茲諾頓空軍基地。」大衛不再是羅瑞上校，也不再是羅瑞醫師，而是一具屍體。

情人的葬禮

英國陸軍對我超乎想像地親切。照理說，陸軍習慣死亡，尤其是突如其來的死亡，而他們由傳統中尋求療傷止痛。軍方葬禮的儀式循規進行，充滿悼慰、莊嚴神聖，而且帶著可怕的「結束」意味。大衛的朋友和同事坦率機智、實事求是，又深懷同情。他們清楚地表示希望我能夠節哀順變，但也盡一切努力，使這個可怕的情境變得較易使人忍受。他們從不讓我落單，但也絕不會在旁逗留；不斷為我斟上雪莉酒和蘇格蘭威士忌；提供我法律顧問。他們經常坦率幽默地談論大衛，他們使我根本無法否定現實。

葬禮中，准將堅持我一起唱讚美詩，在特別令人悲傷的時刻，用手臂擁著我。當悼文中提及軍官和紳士時，我小聲告訴他，我真希望可以跳起來說，大衛在床上也很勇猛。他聽了笑出聲來。看到大衛一百九十公分的身軀，縮成一小盒骨灰的荒謬景象時，我覺得無法接受，極力想遠離他的墓穴。儘管如此，准將仍將我推向前去看，要我接受事實，並且相信只能如此。

在英國的其他時間，我和朋友在一起，並逐漸開始了解：自己以為會有的未來，和所依賴的愛與支持，都已消失無蹤。大衛的死讓我想到無數的事，有許許多多的悔恨、未能把握的機會、無益且傷感情的爭論，並且了解到真實的情況已不容改變。許多的美夢化為泡影，例如我們要生一屋子孩子的計畫。表面上每件事都已成空，但還好哀痛和憂鬱截然不同，它極為悲傷、可怕，但並非失去希望。

大衛的死並未使我墜入無法忍受的黑暗中，我並未動過自殺的念頭。朋友、家人，甚至陌生人所表現的仁慈體貼，也確實能化解悲傷，給與我許多安慰。我離開英國返美的那一天，英國航空公司的櫃台人員問我這次到英國是公事還是旅遊，霎時，近兩週來一直無懈可擊的克制突然瓦解，我淚流滿面地告訴他來英國的原因。他馬上把我的機位升級，盡量使我能不受干擾。他一定也事先告知了空服員，因為他們也非常親切周到，讓我能沉浸在自己思緒中。從那時起，我都盡量搭乘英國航空公司的班機，每一次也都再度感到小善行的重要性。

斯人獨憔悴

我回到家，面對大量的工作，確實帶來很大的幫助；同時也收到幾封大衛的信，那是在我赴英時寄到的，令我心中非常難過。後來幾天，我又收到另外兩封延遲遞送的信，然後，來信就必然且可怕地完全停止了。大衛去世所帶來的震驚隨時間而逐漸消失，對他的思念卻從未稍歇。他去世數年後，有人請我談到這件事，當時我以米萊的詩作結：

時間並未帶來紓解，你們所說淨是謊言
告訴我時間將會撫平傷痛
對他的思念低吟在雨水嗚咽中
對他的想往生成於海水退潮時
處處山坡舊雪消融
去年落葉瞬間化成輕煙
但去年的愛情痛苦偏仍繼續
堆積心頭，故思偏仍徘徊不去
千處所在令人深懼
駐足——其間滿盈回憶
安心踏入某處寧靜之地

其人從未親履展顏
我說道：「此處和他無回憶牽連！」
卻獨立憔悴，懷念斯人

時間最後還是帶來了紓解，但時間本身也需要屬於自己的時間來完成此一過程，其間飽含辛酸。

注釋

1 貝克特（Saint Thomas Becket, 1118-1170），是英格蘭亨利二世的樞密大巨，後任坎特伯利大主教，因反對亨利二世控制教會事務而遭殺害。

2 伍德霍斯（P.G. Wodehouse, 1881-1975），英國小說家、劇作家。

3 柯林斯（Wilkie Collins, 1824-1889），英國偵探小說家，著有《白衣女郎》、《月光石》。

4 史蒂文生（Robert Louis Stevenson, 1850-1894，英國作家，十九世紀末浪漫主義的代表，主要作品有《金銀島》、《化身博士》。

那天下雨了

初次見面當晚，彼此都沒有注意到其他人。
我們離開餐廳時正在下雨，
我聞到他外套上的雨水，
同時想起氣味、雨水、愛情和生命……

大衛的死和躁鬱症二者積累了痛苦和不確定，使我在幾年間大幅降低了對生命的期盼。我退居自己的世界裡，想盡辦法封閉心靈，避免任何不必要的外界接觸。我努力工作、主持門診、教書、研究和寫書，雖然不能替代愛情，但這些事都很有趣，而且能讓我破碎的生命產生某些意義。我終於明白不持續服用鋰鹽的災難性後果，所以按時服藥。生活比我過去以為的更穩定而可預期。我的情緒依然強烈，性格仍然容易激動。但我已經能夠更肯定地制定計畫，完全黑暗的時期變少了，而且也不再趨向極端。

赴英療傷

不過，我的內心傷痛無疑地仍未癒合。成為教職員的八年中，儘管歷經了持續數月不斷發生的躁鬱症、企圖自殺以及大衛的去世，我卻從未放下工作休個長假，或離開洛杉磯，去縫合嚴重的舊傷。所以我動用教授可享的最奢侈福利——休一年假，到英國去。如同多年前去聖安德魯斯的經驗一樣，這一年最終也成為一段溫和美妙的插曲。愛情、整段屬於自己的時間，以及在倫敦和牛津的精采生活，使我的心靈獲得生機，緩慢地修補了撕裂的傷口。

我選擇到英國去，學術上的原因是要研究罹患躁鬱症的著名英國藝術家和作家，並撰寫和另一位同事共同主筆的躁鬱症教科書。工作一部分在倫敦的聖喬治醫院醫學院，另一部分則在牛津大學進行。在這兩個地方做研究，提供了截然不同的經驗，但各有各的妙處。

聖喬治醫院目前已是一所大型的教學醫院，位於倫敦最糟的貧民區內，充滿優秀教學醫院所具有的積極活力。醫院有兩百五十年歷史，曾經出過偉大的外科醫師杭特[1]和金納[2]，以及其他許多醫學史上著名的臨床醫師和科學家。它同時也是「小花」（Blossom）最後的安息之地。「小花」就是金納醫師用來實驗天花疫苗（牛痘）的那頭母牛，她那張有些疥癬但壯觀的皮，就放在醫學院圖書館中，外面罩著玻璃。第一次看到它時，我離得很遠，而且沒戴眼鏡，以為它是一幅奇特美麗的抽象畫。後來發現它居然是一頭母牛的皮，而且不是普通的母牛，竟是一頭醫學史上著名的母牛，我心中充滿了喜悅。在「小花」旁工作令人非常怡然自得，我在她的陪伴下度過很多快樂時光；工作或思考問題時，不時抬頭看看她那色彩雜亂但迷人的皮。

牛津大學則完全不同。我當時是莫頓學院的資深研究員。這個學院是牛津大學三個創始學院之一，成立於十三世紀。學院教堂也建於同時，教堂內巧奪天工、精雕細琢的彩繪玻璃也是同時期完成的。圖書館建於一個世紀之後，是英國最好的中古圖書館之一，同時也首先採取將書籍直立放在架上的做法，而不將書平放於櫃中。此館對早期印刷書籍的蒐羅較少，原因據說是因為莫頓學院認為，印刷只是一種短暫的時髦，絕無法取代手稿。這種超乎尋常的信心完全不顧及現況及未來趨勢，今日牛津大學各學院仍深受此風影響。這有時使人惱怒，有時則令人莞爾，端看當時的心情和狀況。

牛津風格

我住在莫頓一間可愛的套房中，可俯瞰運動場。我在完全安靜的環境中讀書（儘管十分吃力）和寫作，只有學院僕人早上送咖啡、下午送茶來時，才稍微打斷。我幾乎都和資深研究員共進午餐。他們是一群非常有趣、有時有點古怪的資深講師和教授，來自牛津大學的所有科系，包括歷史學家、數學家、哲學家和文學研究學者。但只要有機會，我總是想和艾利斯特・哈代博士（Sir Alister Hardy）坐在一起。

他是位海洋生物學家，風度迷人，而且很會說故事。我聽他講述早年至南極進行的科學研究，談論他正在研究的主題——宗教經驗的本質，一聽就是幾個小時。我們對亨利．詹姆斯和宗教狂喜經驗的本質都有強烈的興趣，而他在文學、生物學和神學等領域間穿梭，輕而易舉，滔滔不絕。

莫頓不僅是牛津大學各學院中最古老和最富裕的學院之一，它同時也以美食、佳釀著稱，因此我常留在牛津享受學院晚餐。那些個夜晚讓人覺得像回到古老年代，晚餐前啜飲雪莉酒，和導師們聊天，排成一列走入古老堂皇的大餐廳，饒富興味地看著穿黑袍、高矮參差不齊的大學生在導師進來時起立致敬（這種敬重的態度頗具吸引力，屈身行禮或許並非毫不足取）。然後，大家低下頭來，導師和學生都以拉丁文簡短地禱告。等院長坐下後，立刻便響起學生拉動椅子、大笑和隔著長桌叫喊的巨大嘈雜聲。

高處的餐桌上，談話和熱情較為收斂。席間總是會進行典型的牛津式聊天，內容一向充滿機鋒，經常引人發笑，有時則令人喘不過氣來。珍饈和美酒都記載在以藝術字和飾章妝點的優雅菜單中。飯後，我們魚貫進入一間較小的餐廳，和院長、研究員一起享用白蘭地、波特酒、水果和裹著糖衣的生薑。

我實在無法想像，任何人吃過這種晚餐後還有辦法工作。不過我在牛津遇到的每個老師似乎都至少寫過四本冷僻的權威性著作，所以他們一定具有天生或後天培養出的特殊肝臟和頭腦。喝下葡萄酒和波特酒總是讓我醺醺然。趕上往倫敦的最後一班火車後，我總是凝視著窗外的夜色，大概有一個小時的時間，感覺自己身處別的世紀，快樂地迷失在不同的世界和時代中。

生命甦醒

雖然每週會去牛津幾次，但我大部分時間住在倫敦。我花很多時間在公園和博物館愉快地漫遊；和住在東薩塞克斯的友人共度週末，沿著俯視英吉利海峽的沙丘散步。我也重新開始騎馬，當我在寒冷有霧的深秋早晨騎馬穿過海德公園時，生命和活力的美好感覺又重新湧現心中。而在薩默塞特郊外策馬隨興奔馳，經過山毛櫸樹林，穿過農場，此種感覺更為強烈。我已忘記自己在風雨和美景中的感受，但仍感覺得到生命正慢慢地注入身心的細縫，而之前我以為身心俱已死亡或蟄伏。

在英國的一年使我了解到自己之前僅是在不斷踩水，圖個生存，避免痛苦，並未積極投入尋求生命。這次有機會逃脫疾病和死亡的回憶，逃開繁忙的生活與臨床及教學工作，感覺和之前在聖安德魯斯念大學時非常不同。那時，我獲得久不可及的表面平靜，能有個療傷和思考的地方，但重點是在療傷。英格蘭缺乏聖安德魯斯所具有的塞爾特風情和奇幻特質，此點，我想大概沒有別的地方能與聖安德魯斯匹敵。但在英格蘭，我重新找回自己，恢復對生命的崇高期望，重拾對愛情的信念。

我終於比較能夠面對大衛的去世了。一個寒冷、陽光普照的早晨，我到他位於多塞特的墓園探視。他安息的教堂墓地景色怡人，這令我大吃一驚。葬禮時，我對此地並未留下太多印象，當然也沒有注意到它的寧靜和優點。死亡凝成的寂靜能產生某種慰藉，但我想這種慰藉不一定是人心想要尋求的。我將一束長梗紫羅蘭放在他的墓前，坐著用手撫摸花崗岩墓碑上大衛的名字，回憶我們在英國、華盛頓和洛杉磯共度的日子。

一切好像已經非常遙遠，但我仍能在心中看到他。他高大英俊，環抱著手臂站在山丘頂端，開懷大笑，當時我們正在英格蘭郊外。我仍能感覺到他在我身邊，一起跪在聖保羅大教堂領聖餐的圍欄前，彼此間充滿特別的親密感。我仍能清楚地感覺到他的手臂緊擁著我，隔開外在世界，使我在全然的憂傷不幸中，仍能獲得慰藉和平安。

我非常希望他能看到我過得很好，而且我也能以某種方式回報他的仁慈，和對我的信心。然而我坐在墓園中，想得最多的，卻是大衛因為英年早逝而錯失的一切。出神地思考了一個多小時後，我突然了解到，這是我第一次想到大衛所失去的一切，而不是我和他所失去的一切。

一見鍾情

大衛曾全心地愛我、接納我。他的穩定和仁慈支持了我，也救了我，但他已經走了。也因為有了他，生命才能夠繼續。他去世四年後，我經歷了另一段不同的愛情，對生命重新產生信念。他是一位優雅感性，非常有魅力的英國人，我和他在那年稍早時認識。因為個人及事業的因素，我們兩人都知道這段感情會隨著這一年的結束而必然地終止；但即使如此，這段感情仍開啟我緊閉的生命，溫暖我冰封的心靈，讓我重拾愛情、歡笑和渴望。

我們第一次見面是在我之前到英國時參加的一個晚宴上。我和他確實是一見鍾情，感覺非常美好。當晚彼此都沒有注意到餐桌上的其他人，我們後來也同意兩人都從未被如此強烈、超乎理性的情感所牽引。幾個月後，我回到倫敦休一年長假時，他打電話邀我共進晚餐。當時我在南肯辛頓租了一間馬廄改建的小房，所以我們就在附近吃飯。這延續了兩人最初相遇的感覺，他能輕易了解我，讓我深深著迷；我也傾倒於他的強烈個性。酒尚未喝完，彼此都知道已經無法回頭了。

我們離開餐廳時正在下雨，便狂奔回到我住的地方，他的手臂一直擁著我。到家後，他緊緊地抱著我許久。我聞到他外套上的雨水，感覺到他的手臂摟著我，同時無比寬慰地想起氣味、雨水、愛情和生命可以具有多麼特別的意義。他了解我已經很久沒和男人在一起，所以非常溫柔體貼，充滿深情。我們經常見面，兩人都傾向強烈的感覺和情緒，所以彼此很容易就能安慰對方，同樣的，必要時也能給與對方較大的空間。

我們無所不談，他的直覺、聰穎、熱情，以及偶爾出現的深沉憂傷幾乎令人感到心驚。他對我了解的深刻程度超過其他任何人。他能輕易看出感情狀況或情緒的複雜性，他本身的非理性使他能了解尊重非理性、狂野熱情、似是而非的矛盾、變化和對立。我們都喜愛詩歌、音樂、傳統和態度不恭。我們也都一直了解光明處幾乎都有陰暗面，而黯淡或病態處也總會有較為光明的一面。

我們創造了一個自己的世界，裡面充滿討論、渴望和愛情。香檳、玫瑰、雪花、雨水就是生活的全部，我們活在借來的時間，和彼此新生命中熱情而隱密的一隅。我毫不遲疑地告訴他我的一切。他和大衛一樣理解我的躁鬱症，當我告訴他這件事時，他即刻的反應是用手托著我的臉，溫柔地親吻我的臉頰說：「我以為對你的愛已經到了極限。」他沉默了一會兒，又接著說：「我並不覺得非常驚訝，但這確實說明了你的勇敢無畏中所帶有的脆弱。我很高興你告訴我這件事。」

他說的是真心話，而不是為掩飾尷尬情緒而隨口說出的安心話。他在幾番談話後的言行，更顯示出他話中的含意。他了解、體諒、顧及我脆弱的部分；但同時也知道並熱愛我所表現出的力量。這兩者均在他心中。他保護我不受躁鬱症的傷害和痛苦，又喜愛我對生命、愛情、工作和人們所帶的熱情。

蒙紗的世界

我告訴他我不願服用鋰鹽的問題，但我的生命又全靠其維繫。我告訴他我曾和精神醫師討論過是否能服用較低劑量的鋰鹽，希望能減輕一些較令人不適的副作用。我急於如此做，但非常害怕躁症會再度發生，他則認為現在是我生命中最安穩及最受到保護的時期，所以也是採取此種方法的良機，而且他會在旁照顧我。

我和在洛杉磯的精神醫師，以及在倫敦的醫師討論後，便開始非常緩慢地減少鋰鹽的用量。結果非常驚人，就像是多年生活在半失明狀態下，終於拿掉了蒙住眼睛的繃帶一樣。在服用低劑量鋰鹽幾天後，我在海德公園散步，沿著蜿蜒小路走時，我發現自己的腳步確實比以前輕快，而且也開始注意到之前像被層層薄紗阻隔的景象和聲音。水鴨的呱呱聲聽來更持續、清楚和強烈；人行道上隆起的地面看來更清楚；我覺得更具精力和生氣。更重要的是，我又能輕鬆地讀書。簡言之，這一切都奇妙非凡。

那天晚上，在家中等著我那位情緒強烈多變的英國人時，我刺繡花邊，看雪花飛落，聽著蕭邦和艾爾加[3]。我突然察覺到，樂聲聽起來如此清晰深刻，而我看著雪，等待情人的感受又是何等淒美強烈。我體會到更多的美，同時也經驗到更多的悲傷。

他風度翩翩地來了。他剛參加完一個正式晚宴，戴著黑領結，白色絲質領巾歪斜地圍在脖子上，手裡拿著一瓶香檳。我放上舒伯特第二十一號降B大調鋼琴奏鳴曲，曲中動人心弦的美麗情感使我心中感情激盪，潸然淚下。我為所有失去卻不自知的強烈情感而泣，也為能夠重新體會它喜極而泣。直到今日，聽到這首樂曲時，我仍能感覺到那個晚上我有幸體驗的愛情和美麗的哀傷，同時想到神智清晰及微妙可怕的感官蒙蔽間，岌岌可危的平衡。

有一次，我們一起共度數日，完全沒有和外界聯絡，後來他給我一本愛情作品選集。他特別標出其中一篇短文，其內容不僅描繪出那幾天的強烈美好，也是一整年的寫照：

> 謝謝你陪我共度美好的週末，
> 他們告訴我那天下雨了。

注釋

1 杭特（John Hunter, 1728-1793），英國外科醫師，英國病理解剖學奠基者。

2 金納（Edward Jenner, 1749-1823），英國醫師，發現牛痘對天花有免疫力，一七九六年試驗牛痘接種成功。

3 艾爾加（Edward Elgar, 1857-1934），英國作曲家，二十世紀復興英國音樂的先驅，作品富有英國民族特色。

容顏依舊

整體上，我對洛杉磯沒什麼眷戀，

這個城市對我而言從來不是「天使之城」。

我曾在此地瀕臨死亡，心靈不斷迷失受創。

終於，我離它數千英里遠了。

我害怕離開英國。我的情緒自有記憶以來首度持續保持穩定，我的心重獲生機。而未受藥物影響的那部分頭腦，經過牛津大學和聖喬治醫院的啟發薰陶後，心智也處於最佳狀態。我愈來愈難以想像放棄在倫敦的安逸步調，更不願想到失去每晚的激情及親密了解。

英國使我停止了持續不斷的「萬一……」、「為什麼？」以及「如果當時……」等疑問，並以一種不同的方式使我放棄和鋰鹽的殊死戰。從我心智的實際狀況看來，這場戰鬥本來就會徒勞無功，而我卻為此浪費了許多寶貴時光。重拾自我後，我不願再失去現有的光陰，生命已深具價值，不容蹉跎。

這一年無可避免地過去了，英國冬天的雪花和溫熱白蘭地，變為初夏的細雨和白酒；海德公園內出現玫瑰和馬匹，美麗輕柔的蘋果花在聖詹姆士公園群樹的黑枝椏上綻放。我要離開前，漫漫夏日，時間幾已靜止，陽光為這些日子覆蓋上愛德華式（Edwardian）的豐富色彩。

我不想回憶在洛杉磯的生活，更不願想到再回去過那種混亂的日子——主持大型的大學門診，生活淨是嚴重病患、教書和診視一大群病人。我也開始懷疑自己是否記得如何進行精神病史詢問和檢視，更別說指導別人了。我不願意離開英國，不願回到洛杉磯，這個城市不僅讓我想到繁重累人的學術工作，同時也讓我想起精神崩潰和接踵而來、疲憊冰冷的無力感，以及令人筋疲力竭的裝模作樣；假裝自己很好，其實不然，擺出討人喜歡的樣子，其實心中充滿恐懼。

樂在工作

然而，我的想法大錯特錯。這一年不僅是一個休息的機會，事實上也達到了恢復的效果。教書再度成為有趣的事，監督住院及實習醫師的臨床工作和從前一樣令我樂在其中，診視病人則使我能夠試著運用自己的實際經驗。精神上的消耗讓我付出長久可怕的代價，奇怪的是，只有在康復後重新充滿精神活力時，我才真正了解代價何等高昂。

工作進行良好，而且頗為順利。我花很多時間寫一本和他人合著的躁鬱症教科書。我很高興能夠輕鬆地閱讀、分析和記住醫學文獻。不久之前，閱讀文獻對我來說還是項可怕的掙扎。

我負責撰寫的部分非常令人滿意，它揉和了科學、臨床經驗和個人經驗。我擔心這些經驗也許會不恰當地影響我的寫作，不論是在內容或強調的重點方面。不過我的合著者知道我患有躁鬱症，許多臨床醫師及科學家也會審視我們撰寫的內容。然而我發現，自己還是常用親身經歷過的某部分來強調現象學或臨床應用。我堅決相信在此領域中，有些部分較受到忽視，所以我撰寫的章節大部分都受此影響，包括討論自殺、服藥的配合度，童年和青少年時期的個性與人際交往，以及思想、知覺和認知等部分。其他篇章如流行病學、酒精及藥物濫用、躁鬱狀態的評估等，則較直接地檢視現存的精神病學文獻。

臨床描述的那一章討論了輕躁狂症、躁症、憂鬱症及躁鬱混合發作的狀態所具有的基本特性，同時說明在這些臨床情況下的躁鬱特徵。這部分我使用的資料不僅來自古典臨床學者，如克雷普林[1]及許多進行廣泛資料蒐集研究的臨床研究人員，同時也取材自躁鬱症病患的作品。這些描述大多來自作家和藝術家。他們非常清楚生動地描述了自己的躁症、憂鬱症和躁鬱混合的狀態。其他的描述則來自於我的病人，或從精神病學文學上摘錄的片段。然而，在一些例子中，我使用了自己所寫的個人經驗描述，這原是我數年來為教學用途所撰寫的。在臨床研究、症狀出現次數，以及歐洲、英國醫學文獻中的古典臨床描述間，穿插著躁鬱症病患所寫的詩、小說及自傳節錄。

邁向平和與穩定

由於個人及臨床經驗，我發現自己有時候會強調躁鬱症的可怕致死能力、混合躁症狀態下恐怖的焦躁，以及病人不願服用鋰鹽或是其他藥物來控制情緒時，善加處理至關重要。為了要以更理智、更學術的方式寫作，我必須要擺脫自己的感覺和過去。這令人耳目一新，也強迫我必須有條理地組織，並且更客觀地看待所經歷的混亂。

這個領域的科學研究不僅令人興奮，更提供發現新療法的實際希望。儘管看到強烈複雜的情感和行為，被濃縮成一個毫無生氣的診斷名詞，有時會令人不安。但這個快速發展的臨床醫學領域所開展的新方法及新發現，令人很難不被其吸引。

之後，我特別喜愛製作無數資料表時的規律和執著。將一個個數字、百分比填入摘要圖表中，評論不同研究所採行的方法，然後試著從檢視過的大量文章和書籍中，找出些全盤觀點。這些都能產生某種令人安心的確定感。如同兒時解決害怕或煩惱的方法一樣，問問題，想辦法找答案，然後再問更多的問題，正是擺脫焦慮，形成了解架構的最佳方法。

降低鋰鹽劑量使我不僅能再度清晰思考，也使各種生活經驗又變得強烈鮮明。這些都曾是我正常性格的重要部分，失去它們使我不知該如何面對世界。由於高劑量鋰鹽使我的情緒和性格變得僵硬死板，反而更缺乏處理壓力的韌性。而低劑量鋰鹽則如同加州為預防地震災害所設計的建築物法，允許我的心智和情感略作起伏，因此，我的思考和情感反而更加穩定。我開始注意周遭的人，逐漸了解絕大部分的人一生都擁有這種平和及可預期性，而且也將其視為理所當然。

我念大學時，曾教導一位盲生統計學。每週一次，他由導盲犬引路，來到我位於心理系館地下室的小辦公室。和他一起工作對我的影響很大。看到我認為理所當然的事對他而言都非常困難，也看到他和他的柯利牧羊犬間深厚親密的關係。那隻牧羊犬只要陪著主人來到辦公室後，便立刻蜷縮在主人腿旁睡覺。

學期中，我逐漸能自在地問他一些問題：眼睛看不見到底是什麼感覺？身為一個年輕的加州大學盲生感覺如何？在生活和學習上必須如此依賴他人是何感覺？經過了這幾個月，我自以為至少已對他的生活有了進一步的了解，儘管非常微不足道。有一天，他問我是否能改在大學圖書館的盲生讀書室裡指導他，而不要在我的辦公室。

心智的異鄉人

我費了些功夫才找到那間讀書室。走進去時，我突然停住，驚恐地發現裡面近乎完全黑暗。房內一片死寂，沒有開燈，而大概有六位學生正埋首讀書，或專心聆聽自己所錄的教授講課錄音帶。這種怪異的景象令我背脊發冷。我的學生聽到我來了，便站起來走到電燈開關處，為我把燈打開。

這就是那種靜止清明的時刻，你了解自己完全一無所知，你對別人的世界根本缺乏真正的理解。在我逐漸進入情緒較為穩定、生活較可預期的世界後，我開始了解我對它所知非常有限，而且對於生活在其間到底感覺如何，也沒有實際的觀念。我在許多方面都是正常世界中的異鄉人。

這是一種使人冷靜的想法，而且有利有弊。我的情緒仍經常劇烈地變動，使我有時還可體驗心智處於邊緣的陶醉感。當這些白色躁症充滿強烈亢奮的充沛精力、絕對確定的目標，和輕鬆如泉湧的想法，我便會持續一段時間不願服用鋰鹽。但當黑暗的倦怠不可避免地隨之而來時，我又會低頭承認我的病很可怕，它會破壞所有的快樂、希望和能力。我開始渴求大部分同事似乎都享有的日常規律，我也開始體會到，要讓自己的心智浮出水面已經變得多麼費力耗神。

的確，在精神亢奮的幾天或幾週中，我能做許多工作，但是通常這些新提出的計畫和新許下的承諾總是必須在陷入灰暗期時完成。我一直在追逐自己心智的尾巴，在新的情緒和經驗中不斷重演著復原和沉陷。新的事物開始缺乏新鮮和光彩，而僅是累積經驗似乎也開始不再具有那麼多的意義，我原先期待深刻探索這些經驗將會產生的意義也並未出現。

我情緒的極端性已不像過去那麼明顯，但一種輕微間歇的不穩定確實已成為我生活的一部分。現在，經過多年的時間，我終於說服了自己：某種程度的心智平穩不僅值得擁有，而且絕對必要。然而，我的心中仍繼續相信，只有在狂亂激情中才可能產生強烈持久的愛情。這一點使我會選擇性格和我大致相同的男人。

告別加州

我很遲才了解到混亂和強烈不能取代持續的愛，它們也不一定會改善實際生活。正常的人不見得都很乏味，可能正好相反。變化和激情雖然較為浪漫迷人，但在本質上並不利於平穩地認識及感覺一個人。一個人當然會對友誼和家庭有某種直覺的堅持，但是當你陷入一種感情，能夠觀照、加強和保持自己反覆無常的生活及性格時，這些堅持就變得不那麼重要了。我愉快而又痛苦地從第二任丈夫那兒學到了愛情的可能性（它穩定和成長的可能性）。我們至今已共同生活近十年了。

第一次和理查相遇是在華盛頓的一個聖誕舞會上，他和我原先所想像的完全不同。我曾聽過他的名字，他是位知名的思覺失調症專家，也是國家心理衛生研究院（National Institute of Mental Health）的神經精神病學主任，寫過七百多篇科學學報告和書籍。但我完全沒想到他就是那個英俊、謙遜、具有沉穩魅力，和我在一棵巨大聖誕樹旁聊天的男子。

他不僅迷人，而且和他談話令人很自在。我們接下來的幾個月經常碰面。在我們相遇不到一年時，我又休了六個月的假到倫敦，接著返回洛杉磯完成休假後的工作，並開始計劃搬到華盛頓。整個交往過程短暫卻令人心安。

我喜歡和他在一起，覺得他不但聰明得令人難以置信，而且富有想像力、友善的好奇心、開闊的思想，且非常易於相處。即使是在剛認識時，我便已無法想像沒有他的生活。

我辭去醫學院終身教職工作，非常不捨地離開我所愛的加州大學，也相當擔心放棄一個穩定收入所可能產生的財務影響。然後便開始參加一長串同事、朋友、學生辦的離別宴會。然而整體上，我對洛杉磯沒什麼眷戀，這個城市對我而言從來不是「天使之城」。

我非常高興能離開洛杉磯，首先，是飛在它上空幾千英尺。我曾在此地瀕臨死亡，單純信念完全粉碎、心靈不斷地迷失受創。終於，我離它數千英里遠了。在加州，我也曾有過不錯甚至美妙的生活，但是在我搬到華盛頓時，卻很難看清此點。這塊充滿希望、捉摸不定，而且永遠複雜的希望之鄉，對我而言似乎就只是個希望而已。

性格迥異

理查和我搬進喬治城的一棟房子，很快地就確定了彼此早就該判斷出來的事實：我們兩人個性截然不同。他輕描淡寫，我熱情強烈；我常為某些事而心靈受創，他卻能安然接受，毫不在意；他不易動怒，我正好相反；他對外在事物反應溫和，有時根本毫無感覺，而我則很容易感受到快樂和痛苦。

事實上，他大部分時候及大部分行為都採取中庸之道；我則容易冒犯別人，又容易感覺到此點，或許也容易伸出手想要平復我們對彼此所造成的傷害。音樂會和歌劇是我生活的支柱，對他則是一種折磨，其他還包括漫長廣泛地聊天，及超過三天的假期等。我們完全格格不入。

我心中充滿了上千種激情或幽暗絕望，而情緒總是四平八穩的理查，有時會覺得難以掌握我反覆無常的情緒。更糟的是，有時根本難以把它當一回事，因為他不知道該拿我怎麼辦。如果我問他現在在想什麼，他絕不會在思考死亡、人類狀況、人際關係或我們的事；他幾乎總是在思考一個科學問題，或者有時候在想著某位病人。他以一種強烈的浪漫情感追求科學和行醫，而我則以同樣的情感追求生命中的其他事物。

顯而易見的，他不會在享用晚餐或美酒時，深情款款地凝視我的眼睛；他也不會在深夜啜飲咖啡或波特酒時，和我討論文學與音樂。他事實上沒辦法一直坐著不動，注意力幾等於零，很少喝酒，從不喝咖啡，而且對人際關係的複雜性或藝術的確實性並不特別感興趣。他受不了詩歌，而且非常訝異於我每天大部分的時間似乎都在漫無目標地閒晃：到動物園、逛藝廊、蹓狗（我有一隻可愛、個性獨立、極端害羞的短腿獵犬，叫做「南瓜」），和朋友一起吃午餐和早餐。但我們在一起的這些年，從未懷疑過彼此對對方的愛。

生命中的避風港

愛情就和生命一樣，其特殊性和複雜性超乎個人想像。我們共同的學術興趣如醫學、科學和精神病學都非常強烈，而兩人本質和類型的不同亦使彼此更為獨立，這也是多年來使我們緊密相連的最終要素。我和理查共度的生命成為一個安全港，一個非常有趣、充滿愛和溫暖的地方，而且總是和浩瀚大海相通。但就像能同時保持吸引力和安全的港口一樣，要入港避風永遠不是難事。

當我第一次告訴理查我患有躁鬱症時，我們才相遇不久。我們當時坐在聖地牙哥戴爾．柯羅那多旅館的餐廳內，他看來十分震驚。他慢慢放下吃了一半的漢堡，凝視我的眼睛，不疾不徐地說：「怪不得！」他非常仁慈，和大衛一樣，他詳細詢問我的躁鬱症發病情形及對我生活的影響。或許因為他們兩人都是醫師，所以理查所問的許多問題也都較偏向醫學方面：我的躁症症狀如何？憂鬱症有多嚴重？曾否自殺？過去服用過的藥物有哪些？現在還在吃的藥物為何？有沒有什麼副作用？他和以往一樣輕描淡寫，令人安心。不論他的憂慮有多深，他還是仁慈機敏地將其放在心中。

然而，我很清楚地知道，抽象地了解某事，並不代表在實際生活中也能產生同樣的理解。我基本上深深懷疑沒有罹患躁鬱症的人能夠確實了解此病，因此，期望躁鬱症為人所接受可能不切實際，但這又是病人夢寐以求的。

不費力的同情並不適用於此種疾病，當一種煩躁不安的情緒變成憤怒、暴力或精神病時，理查也和大多數人一樣，很難將我的情況視為生病，而覺得我任性、易怒、不理智或根本令人厭煩。我無法控制的行為，在他看來可能是刻意而且令人害怕的，在這種時刻裡，我無法傳達自己的絕望和痛苦。而之後要對那些傷人的行為和可怕的話語完全釋懷，更是一件難事。這些可怕的黑色躁症有其焦慮、凶惡及野蠻的陰暗面，不僅理查難以理解，連我自己都不知如何解釋。

愛治療瘋狂

再多的愛也無法治療瘋狂，或釐清陰鬱情緒。愛能產生助力，使痛苦較易忍受，但病人總是必須仰仗藥物，即使它可能不會一直有效，即使副作用或許會讓人無法忍受。另一方面，瘋狂絕對可以毀滅愛情，而且經常如此。不信任、極度的悲觀、不滿和古怪的行為，尤其是易怒的情緒，使愛情蕩然無存。憂鬱症時所表現的哀傷、精神不佳、動作緩慢及缺乏變化，容易讓人體諒，而且較易解決。安靜的哀傷不具威脅性，且易於了解；但憤怒、狂暴和令人惱火的絕望則正好相反。經過長時間的相處後，經驗和愛讓我們學會了許多應付躁鬱症的方法。有時我會笑著告訴他，他的沉著冷靜可抵我每日三百毫克的鋰鹽。這或許是真的。

處於可怕破壞性的情緒劇變中，感覺到理查的溫和寧靜近在咫尺，我就想到拜倫對彩虹的精采描寫——彩虹「如同希望靜坐在垂死者床前」，緊臨狂野湍急的瀑布邊緣。然而，即使「萬物橫遭毀滅／捲入狂急湍流」，彩虹仍清明沉靜。

就像，在痛苦折磨中，
愛情看著瘋狂而容顏依舊。

就算愛情不是治癒藥方，它仍毫無疑問地是一帖強效藥。如同但恩[2]所寫的，它不像一個人曾經以為的那麼純粹抽象，但它確能持久，而且確能成長。

注釋

1 克雷普林（Emil Kraepelin, 1856-1926），德國精神病學家，提出精神病分類系統，著有《精神病學綱要》。

2 但恩（John Donne, 1572-1631），英國詩人，玄學派詩歌代表人物，倫敦聖保羅大教堂教長。

Part Four

——躁鬱之心

我無法想像對生命感到倦意，

因為我知道有那些無邊無際的角落，

將呈現永無止境的風光。

關於瘋狂

離開洛杉磯之前，我接到一封責難信件，
信中說我麻木不仁，而且粗俗冷漠，
根本不知道深受躁鬱症之苦的慘狀；
我只是另一個踩著精神病人往上爬的醫師。

我離開洛杉磯搬到華盛頓之前，接到一封我所收過最令人不悅的責難信件。它並非來自我的同事或病人，而是來自一位看到我演講公告的女性。她對我的演講題目中用了「瘋狂」（madness）一字感到火冒三丈。她信中說我麻木不仁而且粗俗冷漠，根本不知道身受躁鬱症之苦的慘狀；我只是另一個踩著精神病人往上爬的醫師。我為這封信的窮凶惡極感到驚訝和厭惡，但我後來的確花了很長的時間，努力思考關於瘋狂的語言。

在討論和形容精神疾病的語言中，客觀描述、陳腔濫調、臨床精確用語和恥辱忌諱等不同層面縱橫交錯。這種情形使得傳統用語和句子變得混亂不清、容易誤解，而且逐漸淡化。一個日益敏銳觀察精神病患感受和權利的社會中，如「mad」（瘋狂）、「daft」（癲狂）、「crazy」（發瘋）、「cracked」（狂熱的）或「certifiable」（瘋子一樣的）等詞的位置已模糊不清。

此外，如「taking the fast trip to Squirrel City」（譯注：本句字面意義為：到松鼠城一遊。松鼠在美國俚語中是瘋子的意思）、「few apples short of a picnic」（譯注：本句字面意義為：少了幾個蘋果的野餐。也是古怪、頭腦不清的意思）、「off the wall」（發瘋）、「around the bend」（瘋狂），或是「losing the bubble」（譯注：本句字面意義為：失去氣泡。這是英國潛水艇員用以表達瘋狂的用語）等通常很幽默的表達方式，是否都必須隨著強調「正確」及「可接受」語言的風潮而從此束之高閣？

忌言瘋子

我有一位友人曾因急性躁症住院。在離開精神病院之前，院方強迫他接受某種團體治療，用意是要提升他們的察覺能力，鼓勵這些即將出院的病人不要使用、也不准別人在自己面前使用某些詞，如「squirrel」（瘋子）、「fruitcake」（瘋子）、「nut」（瘋子）、「wacko」（發瘋的）、「bat」（神錯失常者）或「loon」（瘋子）。使用這些字會讓病人「持續缺乏自尊及自慚形穢」。我的朋友覺得這種活動像是在施惠，而且非常荒謬。但，真的如此嗎？

一方面，這是非常值得稱讚的專業意見，儘管有些過分熱切。如果以不恰當的內容或語氣說出這些話，病人聽了會有椎心之痛，而且對麻木不仁或偏見的記憶總會持續很久。同樣的，讓這些語言被任意使用而不注意或糾正，其結果無疑地不僅會造成個人痛苦，也會直接或間接在工作、保險及整個社會上形成歧視。

但另一方面，以為這些已存在幾世紀之久的極端排斥用語及句子，能大幅影響大眾態度，這種假定也相當曖昧不清。它只會讓人以為這個艱難的狀況有某些容易的解決之道，而忽略了機智和諷刺具有影響自我觀念及社會改變的正面意義。形容異常心理狀態及行為的語言，明顯地需要自由、多樣性及坦率直接；而大眾對於精神疾病的觀念也同樣明顯地亟待轉變。當然，這個議題要視內容和重點而定，例如：科學便會要求高度精確的語言。但大眾的恐懼和誤解、科學的需要、普及心理學的淺薄言論和心理衛生倡導者的目標，往往糾結不清、一團混亂。

「雙極性疾患」

說明目前這種混亂狀況的一個最佳例證，就是日益流行使用「雙極性疾患」（bipolar disorder）這個詞。美國精神醫學會所發行的「精神疾病診斷準則手冊」（Diagnostic and Statistical Manual, DSM-IV）是份權威性的診斷系統指南，而「雙極性疾患」的使用已在其中根深柢固，取代了過去所用的「躁鬱症」。

雖然我一直把自己的病想作是躁鬱症，但正式的 DSM-IV 診斷則為：「第一度雙極性疾患，具復發性，有嚴重的精神病特徵，發病間則完全復原。」（在我所符合的多項 DSM-IV 診斷標準中，我最喜歡的一項便是：「過度耽於享樂活動」。）身為一位臨床醫師及研究者，我當然堅決相信科學和臨床研究要以正確和可靠的方法進行，因此有必要依據 DSM-IV 內所列出的那種精確語言和詳盡的診斷標準。優雅饒富意味但卻錯誤主觀的語言，對病人及其家人毫無用處。

然而，身為一個病人，我覺得「雙極」這個詞非常奇怪地令人不悅，它似乎模糊縮小了它應該代表的疾病。「躁鬱」這種形容方式好像才能把握我所罹患疾病之本質和嚴重性，而沒有試著要掩飾真實的狀況。

大部分的臨床醫師及多數病人覺得，「雙極性疾患」聽起來比較不像「躁鬱症」那麼恥辱。可能如此，但也可能正好相反。得到此種疾病的病患當然有權利選擇自己認為比較自在的說法，但這就產生兩個問題：「雙極」這個詞在醫學上是否真的正確？改變對一種狀況的稱呼是否真會使人更容易接受它？

第一個關於正確性問題的答案是，「雙極」這個詞顯示一個人同時有躁症（或輕微躁狂）和憂鬱症，以別於僅罹患憂鬱症的病人。就此點而言，它是正確的。但將情緒失調區分為雙極和單極等類別，就是預先假定憂鬱症和躁鬱症之間有所不同。而這並非總是清楚明確，科學界也不支持此種看法。同樣的，它讓人覺得鬱症非常嚴謹地分搧在自己的一極內，而躁症則整齊謹慎地聚在另一極。如此將臨床情況一分為二，是公然不顧躁鬱症激烈起伏的特性。它並未正視一個問題，即躁症最終是否僅是憂鬱症的極端表現。同時，它也極度忽略躁鬱混合情況的重要性。這種情況很普遍，且在臨床上至為重要，是許多研究此種特別疾病的重要理論核心所在。

拒絕歧視

另一個問題則是，最終能夠洗刷精神疾病恥辱的方法，是否僅在於語言的變化，還是應該在於積極教育大眾；在於成功的療法，如鋰鹽、抗痙攣藥、抗憂鬱劑以及精神抑制藥等；在於一些不僅成功，並且能夠引起大眾及媒體遐想的療法（如百憂解〔Prozac〕影響了大眾對於憂鬱症的看法及了解）；在於發現精神疾病肇因於遺傳或其他生物因素；在於人腦顯像技術，如正子斷層造影（PET）、磁振造影（MRI）等，使我們能透過視覺了解這些疾病的位置及其確實存在；在於發展血液測試，以便最終能確定精神疾病是一種醫學上的疾病；在於從立法行動獲得助力，如美國傷殘人士法案，並且爭取和其他列在健保改革計畫中的疾病具有同等地位？人們對於精神疾病的態度正在轉變，儘管速度非常緩慢。而這主要是成功的療法、倡導及立法三者共同達到的成就。

重要的心理衛生倡導團體大都由病人、其家屬和心理衛生專業人士所組成，他們在教育大眾、媒體、州政府和國家政府上成效卓著。這些團體儘管作風和目標不同，但提供了成千上萬名病人及其家人直接的支持。他們實際上藉著抵制那些缺乏能力和尊重態度的精神醫師和心理學家，進而提升了社區的醫療水準。他們鼓動、糾纏、勸誘國會議員（也許有人可以加上一句，許多議員本身就患有情緒失調，或是家族中有人罹患精神疾病），使之增加研究經費、提出平等對待精神疾病的建議，並通過法律，禁止在工作及保險上歧視精神病患。

這些團體和發明療法的科學家及臨床醫師造福了精神病患，我也是受惠者之一，不論我們是否稱自己為瘋子，或寫信抗議別人對我們如此稱呼。由於他們，我們現在才得以爭辯表達我們自己及人類語言的微妙處。

遺傳黑盒子

躁鬱症是一種遺傳疾病，
這個事實帶來了非常複雜、有時令人難受的感情。
躁鬱病患是否會像斑點鴞或雲豹一樣，
成為「瀕臨絕種動物」？

坐在一張靠近會議室後門可以迅速溜走的椅子上，吉姆·華生[1]坐立不安，瞇著雙眼，東張西望，還猛打哈欠。他的手指交叉放在頭上，不住地輕拍。他一會兒熱切地聽著報告資料，但注意力瞬間即逝；一會兒瞄一瞄手上的《紐約時報》；一會兒又神遊在自己的星際幻想中。

吉姆不善於在感覺無聊時仍維持表面的興致勃勃，沒有人能夠知道他是否正在想著眼前的科學議題——躁鬱症的遺傳及分子生物學；還是正反覆思考政治、閒言閒語、愛情、可望資助冷泉港的人士、建築、網球或任何目前他心思所繫的熱中事物。

醫學教父

他個性強烈，直言不諱，絕非一個會讓旁人無動於衷的角色。我覺得他非常迷人而且不同凡響。他卓爾不群，處於這個日益平淡枯燥的世界中，就像斑馬置身馬群。也許有人會說，如果一個人發現了生命的架構，並因此而獲得諾貝爾獎，他當然可以表現得卓然不同，難以捉摸。但促使他開始尋求DNA結構的動力就是這種基本性格：強烈、具競爭性、富想像力且勇於打破傳統。

他顯而易察的旺盛精力也非常吸引人，而他智能和體力均以高速進行，令人筋疲力盡，不論是在餐桌上相互討論，或和他在冷泉港散步，均非易事。他的太太堅稱，她能只靠感覺空氣中的能量來判斷吉姆是否在家。然而無論吉姆這個人多耐人尋味，他的主要工作是身為一位科學領袖。他最近才卸下世界最傑出的分子生物學實驗室之一——「冷泉港實驗室」主任一職，他也是美國「人類基因組研究中心」（National Center for Human Genome Research）首任負責人。過去幾年，他的研究興趣轉向尋找導致躁鬱症的基因。

以科學方法了解躁鬱症，必須全權仰賴分子生物學的研究，因此我逐漸花較多時間鑽研此領域。那是個奇異的世界，由研究一些古怪的動植物開始發展，如玉米、果蠅、酵母、蠕蟲、老鼠、人類和河豚。

此領域具有一個奇特且日新月異的語言系統，有時相當富詩意，包括一些絕妙用語，如「孤兒複製」（orphan clones）、「質體」（plasmids）、「高密度柯斯質體」（high-density cosmids）、「三螺旋」（triple helices）、「不受束縛的DNA」（untethered DNA）、「神風特攻隊試劑」（kamikaze reagents）、「染色體走路」（chromosome walking）、「基因獵人」（gene hunters）和「基因繪製者」（gene mappers）。此領域追求的顯然是所有理解的根本，相當於生物學對夸克（quarks）和輕子（leptons）的探討。

會議時，吉姆瞇著眼睛、左顧右盼而且猛打呵欠。那場會議的主題正是躁鬱症的遺傳成分，集合了相關的臨床精神醫師、遺傳學家和分子生物學家，他們平日各自以不同的方式積極研究形成躁鬱症的基因。會議目的即希望他們能夠提出研究方法和發現，以及已分析過遺傳原因之躁鬱症的家庭族譜，來互相交換意見。

不同的族譜投射在螢幕上，有些家族患病人數較少，有些則包括大量塗黑的方塊和圓形，顯示家族中曾患有躁鬱症的男性或女性；一半塗黑的方塊和圓形代表憂鬱症；而英文字母S、十字或斜線，則表示家族中自殺的人。這些全黑或半黑的符號，代表了一個個經歷可怕痛苦的生命；然而諷刺的是，當某個家族中出現較多的塗黑方塊和圓形時，反倒成為大家心目中較「好」（即在基因研究上更具價值）的家族。

環顧會場，我認為這些科學家及這些族譜很可能會找出躁鬱症基因的所在位置。這個是令人非常興奮的想法，因為只要能找到基因位置，便可能提早實施正確的診斷，而且治療也會更確切、安全無慮，且更有效。

黑盒子遊戲

幻燈機關掉，窗簾拉開，我的視線越過吉姆看向窗外，穿過蘋果樹，想起多年前在密西西比河的一次旅遊。

摩根．斯庫（Mogens Schou）是一位丹麥精神醫師，他是首創以鋰鹽治療躁鬱症的最大功臣。我想從美國精神醫學會年會開溜一天，好好享受紐奧良風光。後來我們兩人決定，最好的辦法就是乘船沿密西西比河而下。

那天風和日麗，我們討論了廣泛的話題後，摩根轉向我，直截了當問道：「你研究情緒失調的真正原因為何？」我想我臉上的表情一定和我的感覺一樣驚訝而不自在，因為他隨即改口說道：「嗯，還是我來告訴你我研究情緒失調的原因好了。」他接著告訴我，他家族中所有的躁鬱症病例的強烈毀滅性。因此，多年前他便開始拚命地從醫學文獻中尋找任何新的實驗療法。

一九四九年，約翰．凱德（John Cade）首次提出使用鋰鹽治療急性躁症的文章，發表在一本名不見經傳的澳洲醫學雜誌中。摩根緊抓住此項研究，幾乎立刻開始進行嚴謹精確的臨床研究，以證明鋰鹽有效且安全。他自在地談論家族的精神病史，強調他所有研究的推動力，正是此種強烈的個人動機。他明確地表示，他認為我走入躁鬱症的臨床研究，背後動力也是個人因素。

我覺得有點無路可退，但同時又大為寬心，所以我決定告訴他我自己和家族的病史。於是，我們兩人就將各自的族譜寫在餐巾紙背面。我寫下許多塗黑的方塊和圓形，有些下面加上問號（例如，我知道高叔父自成年後，終其一生幾乎都住在精神病院，但卻不知道他得的是什麼病），數目之多令我頗為驚訝。就我所知，躁鬱症病例在我父系三代間不斷發生，代表自殺企圖的星號（＊）遍布；而我母系族譜相較之下則潔白無瑕。

任何對人性稍有了解的人，都能看出我父母彼此間有多大的差異，族譜就是個具體的例子，而且這種差異的確是黑白之別。摩根也一直在繪製他的家譜，他站在我背後看了看我家中病患人數，便很快地興奮承認他輸了這場「黑盒子之戰」。他注意到代表我自己的圖形除了全黑外，還附有星號（能把一個人的自殺企圖簡化為一個符號，感覺真是奇妙）。我們花了很多時間談我的躁鬱症、鋰鹽、其副作用和我的自殺企圖。

遺傳的基因

和摩根談話對我幫助很大，一方面由於他積極鼓勵我將個人經驗用於研究、寫作及教學；另一方面，這位資深教授不僅了解我所走過的一切，而且曾用個人經驗深深改善了包括我在內數十萬病患的生活。和他談話對我相當重要。不論我曾如何抗拒鋰鹽，但我心知肚明，如果沒有鋰鹽，我可能早就自殺身亡或住進州立醫院。我和其他許多病患，都必須感謝摩根族譜中黑色圓形和方塊的再造之恩。

躁鬱症是一種遺傳疾病，這個事實帶來了非常複雜、有時令人難受的感情，此點是意料中的事。而其中一個極端便是旁人讓你覺得無地自容，充滿罪惡感。

多年前住在洛杉磯時，我去一位同事介紹的醫師那兒看病。他做完檢查並且得知我服用鋰鹽多年後，便廣泛地問及我的精神病史，也問我是否打算生孩子。由於之前所接觸的各個醫師都以充滿智慧和同情的方式進行醫療，我沒有理由不直率地談論我的躁鬱症病史，因此清楚說明自己就是俗稱的「對鋰鹽反應良好者」，並且很想要有孩子。他緊接著問道，懷孕時，我是否打算服用鋰鹽。我便開始告訴他，躁鬱症的危險遠大於鋰鹽對胎兒發展所可能造成的傷害，所以我仍會服用鋰鹽。然而，我還沒說完，他就打斷我的話，問道，我是否了解躁鬱症是種遺傳疾病。我當時壓抑住一股衝動，想要提醒他，躁鬱症是我畢生研究的專業主題，而且不管怎樣，我並不是個笨蛋。但我只是回答：「我當然知道。」然後，他便以一種冰冷專橫的聲音說：「你不應該生小孩，你有躁鬱症。」我至今仍能聽到他當時的警告。他說這句話時，有如這是上帝的真理，而他心中必定如此認為。

殘忍的傷害

我覺得非常厭惡，簡直深惡痛絕，而且感到橫遭羞辱。我決定抗拒他的挑釁，避免表現出必然會被他認為是非理性的行為。我問他對生孩子一事的關切原因為何，是因為他想我可能無法成為一個稱職的母親呢？還是因為他只是覺得這個世上最好不要再多一個躁鬱症病患呢？他不理會，或是根本沒聽出我的挖苦，回答道：「都有。」我請他離開房間，迅速把外套穿好，敲敲他辦公室的門，告訴他：「去死吧！」然後便走了。我穿過街道，坐進車內，全身發抖，哭到氣力盡失。殘忍有很多種形式，而此人所作所為不僅殘忍，且非常不專業及無知。此事所造成的傷害一直持續，就像心上被人又快又急地切了一道傷口般，難以癒合。

奇怪的是，我從未因為自己的躁鬱症而不想生孩子，即使在最陰暗的憂鬱症時，我也從未後悔被生到人間。我確實一心求死，但這和後悔出生有非常奇怪的不同。我非常高興被生下來，感謝生命，而且不願想像沒有下一代。我的生命儘管混亂不安，而且有時相當可怕，但仍非常美妙。

我當然也有一些嚴重關切的問題，這在所難免。例如我有辦法盡到照料兒女的責任嗎？在我嚴重憂鬱時，他們怎麼辦？更可怕的是，萬一我躁症發作，萬一我的判斷力受影響，萬一我變得狂暴無法控制，那時該怎麼辦？如果他們也有躁鬱症，我必須眼睜睜看著自己的孩子和憂鬱、絕望及瘋狂掙扎，那又將是何種滋味？我會不會虎視眈眈地注視他們的任何病徵，或是將他們的正常反應視為發病前兆？

瀕臨絕種的動物

這些問題我都曾反覆思考了無數次，但我從未想過該不該生孩子這個問題。儘管為我檢查的醫師冷酷地宣稱我不應該生孩子，但如果能像當初大衛和我所計畫的一樣，我會很高興生一屋孩子。然而事情卻不如人意，大衛死了；理查是大衛死後我唯一想和他生孩子的人，但他前次婚姻中已有了三個小孩。

未能擁有自己的孩子是我畢生最大憾事。但我很幸運地有兩個姪子和一個姪女，他們都各有其奇妙獨特之處，我和他們相處時的喜悅難以言喻。身為姑媽是件賞心樂事，而當你的姪兒女們長於思考、獨立自主、善解人意、滑稽聰明、富想像力時更是如此，有他們作伴就不可能感到無趣。我的姪子和他們的父親有同樣的興趣，喜好研究數學和經濟學。兩人都是沉靜機智、思想自由、溫柔迷人的小伙子。

我的姪女目前十一歲，和兩個哥哥年齡差距頗大。她已經在一項全國寫作比賽中得過獎，決心要成為一位作家。她經常蜷縮在椅子裡，或是塗塗寫寫、或是問及某些字詞和人物、或是照料她許許多多不同的動物、或是在家庭討論中以鋒利言詞堅持自己的主張。她充滿激情、敏感、獨特，而且總有辦法在一大群能言善道的兄長、父母及其他大人面前毫不退縮，有時令人啼笑皆非。我無法想像生命中如果沒有這三個孩子，將會留下多可怕的空白。

雖然我強烈支持科學界尋找躁鬱症遺傳基因的努力，但有時也會對其結果所代表的真實意義產生疑慮。如果能由目前進行的遺傳研究中，找出更有效、更早期的診斷方法，和更對症下藥、較無副作用的治療方式，那麼躁鬱症病患及其家屬，甚至整個社會都將深受其惠。此點是無庸置疑的，其實現也指日可待。

但如此一來，產前診斷檢查結果將會產生何種影響？準父母們會不會放棄帶有躁鬱症基因的胎兒，儘管此病有辦法醫治？（有趣的是，霍普金斯大學最近做了一項研究，當受訪的病人及其配偶被問到，是否會放棄受遺傳影響的胎兒時，只有極少數人表示會選擇墮胎）。如果我們消滅了躁鬱症基因，是否將冒著把世界變枯燥的危險？這是一個大家公認複雜難解的科學問題。而酷好冒險的躁鬱病患要面對的難題為何？這些好動不安的個體在社會上和其他人共同推動了藝術、商業、政治和科學。躁鬱病患是否會像斑點鴞或雲豹一樣，成為「瀕臨絕種動物」呢？

道德難題

這些都是非常難解的道德問題，特別是由於躁鬱症能同時使個人及社會受惠。不論是嚴重或較輕微的躁鬱症，似乎都和藝術特質及想像力有關，因而產生貢獻。不僅如此，它也影響了許多傑出的科學家以及商業、宗教、軍事和政治領袖。由於躁鬱症是常見疾病，且其性格、行為及認知表現具有廣泛差異，因此對人格、思考方式及精力也具有微妙的影響。

使情況更加複雜的事實在於：其他遺傳、生化及環境因素（例如暴露在長期或大量光線變化之下，睡眠明顯減少、生產、使用酒精或藥物）都可能多多少少造成此疾，並且產生和成就偉大事業息息相關的認知及性格特質。這些科學和道德議題確實存在，幸好聯邦政府的「基因組計畫」（Genome Project）和其他的科學家、道德學家已積極考量這些問題。但是它們仍極端令人困擾，在未來多年內也仍將如此。

科學一直擁有不凡的能力，可在解決舊問題時，仍不斷提出新問題。科學的進展快速，日新月異，為人類帶來極大的希望。

坐在醫學會議典型的不舒服硬椅上，我已陷於半夢半醒之間。旋轉式幻燈放映機更換幻燈片的喀啦、喀啦聲使我的頭腦沉入半催眠狀態，暫時停止作用。我的眼睛仍然張開，但頭腦卻在吊床上輕搖，安歇在腦殼最深處的角落。我和一組同事當時正在科羅拉多州的落磯山脈中，而任何稍有頭腦的人來此便是滑雪。但當時有超過一百名醫師在會議室內，幻燈片不斷喀啦、喀啦地放映。

我發現自己又在玩味著想過上百次的念頭：瘋狂並不一定代表愚蠢，我為什麼要坐在室內，而不走出戶外去享受滑雪的樂趣呢？

突然，我豎起耳朵。一個平板、令人麻木的客觀聲音含糊地說要報告〈躁鬱症腦異常結構的最新發現〉。我結構異常的頭腦立即嚴陣以待，背脊一陣涼意。那個聲音繼續含糊地說：「我們所研究的躁鬱症病患中，使人聯想到不正常組織的小區域高強度對焦訊號（focal signal hyperintensities，即較多水集中的區域）案例明顯較多，神經病學家有時將這種現象稱之為『不明光亮物』[2]。」聽眾們表示讚賞地笑了起來。

色彩斑斕的腦掃描

我實在承受不起再失去任何腦組織，天知道我那次幾乎致命地過量服用鋰鹽後，有多少大腦灰質已墜入陰曹地府，因此笑起來不太帶勁。演講者繼續說道：「這些不明光亮物所代表的醫學意義尚不清楚，但我們了解，它們和一些其他狀況也有關連，如阿茲海默症、多發性硬化症及多發性梗塞痴呆症等。」我想得沒錯，我實在應該去滑雪才對。但我違背自己的明智想法，反而傾向螢幕。

幻燈片看得我目不轉睛，我總是深深著迷於最新的磁振造影技術所顯示的腦結構驚人細節。腦部掃描有種美麗、直覺性的吸引力，尤其是高解析度的磁振造影圖片，及正子斷層造影色彩斑斕之掃描圖。例如在後者圖像中，憂鬱症的大腦呈現寒冷、停滯的深藍、暗紫及墨綠色；而同一患者的頭腦處於輕躁狂症時，則閃亮如聖誕樹，出現一塊塊生動耀眼的鮮紅、嫩黃和亮橙。科學的色彩及結構，從未如此完全地捕捉憂鬱症冰冷的內在死寂，和躁症生動的積極觸發。

現代的神經科學令人振奮，不斷地探索追尋新領域，使人充滿浪漫及恍若馳騁太空的感覺。這項科學精確優雅，其中的科學家年輕得令人自慚形穢，各項發現快得令人咋舌。如同分子生物學家一樣，從事腦掃描研究的人，一般都很清楚自己所超越的不凡領域，而只要是有血有肉的人，都會被這些科學家共同的冒險及熱忱所感動。

雖然有違本意，但我仍為此項科學研究所吸引。我不知道這種高強度是否為躁鬱症的成因或結果？它們是否會隨時間而變得更為顯著？它們位在腦中哪個部分？它們是否和我及許多憂鬱症病患所遭遇的方向辨認及臉孔識別問題有關？由於父母雙方或其中一方患有躁鬱症而成為高危險群的兒童，是否也會出現此種腦異常，即使他們尚未發病？

我的臨床頭腦開始考量此類掃描造影發現的視覺效益，它們可用來說服那些較富文學氣息而且持懷疑態度的病人，讓他們知道：一、腦的確存在，二、他們的情緒和腦有關，三、如果不好好吃藥，可能會對腦產生某種傷害。這些思緒讓我分神了一會兒，而這思緒經常發生在由躁鬱症病患的個人角度，轉換到研究治療者的專業角度時，但個人的興趣及關切的事項總是會捲土重來。

腦中不明光亮物

我回到現在工作的霍普金斯大學後，便抓著正在進行磁振造影掃描的神經科同事不停盤問，又匆匆到圖書館讀遍所有已知資料。畢竟，在知識層面上相信躁鬱症存在於腦中，和親眼目睹它是完全不同的兩回事。某些文章連題目都令人有些混淆不清：〈雙極性疾患病人的神經節容量和白質集中〉、〈雙極情感性疾病中的結構性腦異常：腦室擴大和高強度對焦訊號〉、〈雙極情感性疾病中發現的皮質下異常——使用磁振造影〉等，綿綿不斷。我坐下開始閱讀。有項研究發現「雙極性疾患病患的三十二幅掃描圖中，有十一幅（即百分之三十四．四）顯示出高強度現象；而正常對照組中則只有一幅（即百分之三．二）具有此種異常現象」。

我心中對所謂的「正常對照組」嗤之以鼻，然後再繼續往下讀。如同在臨床醫學的新領域中屢見不鮮的情況一樣，我發現其中的問題多於解答，而這些研究結果的真正意義仍模糊不清。這可能是測量的問題，可能歸因於飲食或治療史，也可能是由和躁鬱症完全無關的因素所造成，其他可能成因不勝枚舉。然而「不明光亮物」確有其重要性的機率相當高。

奇怪的是，看完這一長串研究，我反倒更安心，也較不害怕。科學進展快速這個事實能使人產生希望。如果腦結構變化真的深具意義，我非常高興第一流研究人員正致力研究。沒有科學不但不可能帶來如此的希望，甚至是毫無希望可言。而不論如何，這確實為「失去理智」（lose one's mind）這個概念賦與了新的意義。

注釋

1 吉姆．華生（James Watson, 1928-），美國生物學家，因發現去氧核醣核酸（DNA）的分子結構，與另兩名英國科學家共獲一九六二年諾貝爾醫學獎。

2 不明光亮物（Unidentified bright objects, UBOs），此處借用形容飛碟之詞——不明飛行物（Unidentified Flying Objects, UFOs，幽浮）。

看診權

他聽到我有躁鬱症所產生的痛苦，
似乎遠超過我實際罹患此病的痛苦。
有幾分鐘時間，
我覺得自己好像是傷寒瑪麗。

世界上實在沒有一種簡單的方法能用來向別人說明你患有躁鬱症，如果真有的話，我也還未找到。因此儘管聽過我告白的人大部分都能同情理解，有些人的表現更令我頗為感動，但我仍為某些冷酷、傲慢、毫無一絲同理心的反應感到煩憂。直到最近為止，較為公開地談論我的病症仍幾乎是個不可思議的構想。我願如此做的主要原因為專業考量；然而，某些不願則是由於有時我選擇向其吐露祕密的同事或朋友所表現出的殘忍態度，不論他們是有心或無意。我現在將之視為「鼠心因素」，心中充滿酸楚的回憶。

鼠心先生

「鼠心」先生是我之前在洛杉磯的一位同事。我曾以為他是個朋友。他是位聲音柔和的心理分析家，我習慣在早上和他一起喝杯咖啡。偶爾我們會花較長時間，到餐廳吃頓午餐，談談彼此的工作與生活，感覺非常融洽。

一段時間後，我慣有的不安開始浮現。每次只要和別人的友誼及親密感達到某種程度，而我尚未談到自己的躁鬱症時，我便不免會有這種感覺。躁鬱症畢竟不只是種病，它影響了我生命的各個層面：我的情緒、我的性格、我的工作和我對所遭遇的所有事的反應。不談躁鬱症通常難免會使友誼局限在某種泛泛之交的程度，即使只能談論一次也勝過完全不提。我悄悄地歎了口氣，決定要告訴他這件事。

當時我們在馬里布臨海的一家餐廳內。簡短地概述我的躁症、憂鬱症和自殺企圖後，我將目光移向遠方的海中石堆，等著他的反應。那是一次漫長冰冷的等待。終於，我看到眼淚滑下他的臉頰。儘管我記得當時心裡覺得他的反應有些過火，尤其那時我已經試著將自己的躁症和憂鬱症輕描淡寫；不過他對我的遭遇如此感同身受使我非常感動。然後，鼠心先生抹去淚水，告訴我他實在無法相信此事，他說這令他「大失所望」。他一直覺得我不同凡響，堅強無比，怎麼可能會想到要自殺？我當時到底在想什麼？那是多麼懦弱的行為，多麼地自私！

我意識到他真的如此認為，心中非常震驚，完全不知該如何反應。他聽到我有躁鬱症所產生的痛苦，似乎遠超過我實際罹患此病的痛苦。有幾分鐘的時間，我覺得自己好像是傷寒瑪麗。然後又覺得自己的心意被辜負了，且受到了嚴重的羞辱。

他的擔憂當然沒完沒了，我「真的」曾經精神錯亂過嗎？他以柔和的聲音問道，表面上滿是關切之情。如果確實如此，在這種情況下，我真的認為自己有辦法善加處理學術生涯的壓力嗎？我咬牙切齒地向他指出，我實際上已應付那些特別的壓力多年，而且說實話，我比他年輕得多，但出版的著作卻遠超過他。

我不太記得那頓午餐的其餘經過，除了仍感覺得到是種折磨外。我還記得曾用讓他聽不出來的嘲諷語氣告訴他說，他不需要擔心，因為躁鬱症不是傳染病。（儘管由他對世界所抱有的枯燥乏味、過分執迷而且缺乏幽默之觀念看來，如果有點躁症對他應該會有好處。）他聽了有些坐立不安，並且移開他的目光。

第二天早上，他送了一打盒裝的長梗紅玫瑰到我的門診，上面塞著一張卑屈的道歉短箋。我想這應是個善意的表示，但仍不能撫平他坦率回應所造成的傷害：他是正常的，而我不是，以及那些最具殺傷力的字眼——他覺得「大失所望」。

心中的祕密

我不願意公開自己的躁鬱症有許多理由，某些為個人因素，許多則是專業考量。個人方面主要是涉及家庭隱私，尤其在於所探討的是種遺傳性疾病，再加上一般的看法都認為，自己的事不宜聲張。同樣的，我一直非常介意別人知道我有躁鬱症後，對我行事為人的觀感會產生何種改變。

被視為「滑稽好笑」和被看作「言行不當」（一個可怕卻能定罪的詞）間的界限非常細微；而被認為是「性格強烈」或有些「多變」，和被不屑一顧地貼上「不夠穩定」的標籤間，也只有一道狹窄的縫隙。不論是基於何種個人虛榮心，我怕自己的自殺嘗試及憂鬱症會被某些人看作是軟弱的行為或「神經過敏」。不知為何，我不在意被視為間歇性精神錯亂，反而非常介意被歸類為軟弱和神經過敏。最後，我深恐由於公開談論或撰寫自己生命中極為隱密的部分，將來再回頭看時，這些經驗的意義和感覺都會褪盡光采。我擔心讓自己太過暢所欲言，這些經驗會變得遙遠疏離而無法重溫。我害怕這些經驗變成別人而非自己的遭遇。

然而，我對討論自己病症的主要憂慮，本質上還是傾向於專業方面。我事業剛起步時，這些憂慮在於害怕「加州醫學檢查人員委員會」知道我有躁鬱症後，會拒絕核發執照給我。

隨時間過去，我已較不擔心此種行政決定，因為我已經訂出一套精心策畫的臨床安全保障系統；我將所有可能發生的意外狀況，及如何有效減輕其影響，告訴關係密切的同事，並和我的精神醫師反覆討論到令人作嘔的地步。

但我的日益憂慮只會損及已建立的教學及研究之專業客觀。例如，我在加州大學教課，並在擔任主任工作的門診中，指導眾多的精神科住院醫師及心理學實習醫師；在霍普金斯大學，我分別在住院病房及情緒失調門診內，教導住院醫師和醫學院學生。想到這些住院及實習醫師們也許會自以為考量到我的情感，而不說出他們的實際想法，或沒有提出本來應該而且會提出的問題，我便感到畏縮不安。

許多此類的憂慮也擴及到我的研究及寫作。我曾經在醫學及科學期刊上廣泛發表有關躁鬱症的文章。現在，同事們會不會認為我的工作多少因為我的病，而帶有偏見？這是個令人不安的想法。儘管科學的好處之一，就是個人工作最終不是被人重複，就是無人能重複，因此偏見會隨著時間而降至最低。然而我擔心萬一公開自己的病，同事們會有何反應？例如，我參加一個科學會議時，提出問題或質疑演講者，我的問題是會被視為出自一個研究及治療躁鬱症多年的人，還是會被看成是一個私心自用的人極為主觀之個別觀點？脫下學術客觀立場的披風，我看到的展望頗為可怕。

不過，我的工作無疑地一向受到情緒和經驗的強烈影響，包括我的教學、倡導工作、臨床工作以及我所選擇的研究項目——總稱為躁鬱症，較細的分項則是自殺、精神病、躁鬱症的心理層面及其治療，拒絕服用鋰鹽、躁症及躁鬱症的正面特質，和心理治療的重要性。

面臨難題

然而最重要的是，我身為臨床工作者，必須考量鼠心先生在馬里布午餐會談中，費盡心機所提出的問題：我真的認為患有精神疾病的人可以獲准診治病人嗎？

當我在一九八六年冬天離開加州大學回到華盛頓時，我十分希望繼續教書，並且能夠獲得大學醫學院的聘任。理查曾在霍普金斯大學就讀醫學院，認為我應會喜愛這所學校。我接受了他的建議，申請該校精神病學系的教職。數個月後，我便開始在此校教書。

理查的想法是對的，我立刻就愛上這間學校。如他所料，我覺得擔任霍普金斯大學教員的多項樂事之一，便是教學義務被認真看待；另一項則是完美的臨床照料。但看診權的問題將會出現，只是時間早晚而已。

我懷著不得不翻閱正式醫院任職表格時所常有的深刻不安，瞪著面前的一疊文件。「約翰・霍普金斯醫院」幾個大字氣派非凡地印在頂端，眼光向下細察時，我知道這便是自己所預料的「看診權申請表」。我預期大難臨頭，於是決定先解決所有直截了當的問題。

我很快地在「不是」那欄打勾，回答一長串關於職業賠償、失職保險和職業懲處的問題：之前的申請階段中，是否曾因失職或職業賠償而涉及訴訟？我的失職承保範圍有無任何約束或限制？我行醫執照是否曾被限制、暫停、受制於任何狀況，和緩刑的條件及正式或非正式的申誡、未能換新或曾被吊銷？我是否曾遭受任何醫療機構的紀律處分？我是否還需接受尚未裁決的紀律處分？

謝天謝地，這些問題很容易回答，在這個愛好打官司到荒謬地步的年代中，至少到目前為止，我還能設法使自己避免因失職而被告上法庭。使我心跳加速的是下一個部分——「個人資料」。

果然，我不久就發現無法只靠在「不是」欄打勾便能答覆的問題：

你目前是否有任何傷殘或疾病，或因此正接受治療，包括濫用藥物或酒精，而將會影響你在本院適切地履行職責？

再跳過五行便是劊子手式的狠話：

我充分了解申請表上任何的謊報或遺漏，可能導致拒絕任用或立即開除。

患病的醫師

我重讀「你目前是否有……」這個問題，想了很久，最後在旁邊寫下：「依據和精神病學系主任之討論」，然後帶著沉重心情，打電話給霍普金斯大學的系主任，問他何時能和我一起吃個午飯。

大約一個星期後，我們在醫院餐廳會面。他和平常一樣多話而滑稽，有幾分鐘時間，我們愉快地談著系上活動、教學、研究獎助及精神病學系政治等。我的雙手在大腿上扭絞，心臟快要跳出喉嚨。我告訴他看診權表格的問題，以及我患有躁鬱症和目前正接受治療。

我在霍普金斯大學工作最密切的同事已經知道我的病，因為我總是會將此事告訴和我工作關係最密切的醫師們。例如，在加州大學洛杉磯分校時，我曾經和與我一起創立情感性疾病門診的醫師們詳細討論我的病，也和我擔任主任期間的醫學主任醫師談過這個問題，同時，該校的系主任也知道我正接受躁鬱症治療。那時我就覺得必須要有適當的安全保障，以防我的躁症或嚴重憂鬱症造成臨床判斷上的疏失，現在我仍抱著同樣的看法。如果我沒有告訴他們，則不僅會危及病人的照料，也會使同事處於難以防阻的職業和法律風險中。

我向每位密切合作的醫師表明，我正接受一位優秀的精神醫師治療、服藥，而且沒有酒精或藥物濫用問題。我同時也請他們可以盡量詢問我的精神醫師相關問題，如我的病情或我的行醫能力等，只要他們覺得有必要。（我也同樣請我的精神醫師和其餘他認為有必要的人士聯絡，如果他對我的臨床判斷產生任何疑慮的話。）

我的同事們同意，一旦他們懷疑我的臨床判斷出現問題，會直接告訴我，並停止我所有診視病人的工作，且馬上通知我的精神醫師。我想他們都曾和我的精神醫師談過，以了解我的病情及治療方式，不過還好沒有人因為憂慮我的臨床表現而表示需要和他聯絡。我從不須放棄看診權，但我曾主動取消或重新安排看診時間，因為我覺得如此才能保障病人權益。

海闊天空

我一直很幸運、謹慎。任何臨床工作者的疾病也許會妨礙臨床判斷，這種可能性總是存在。醫療權的問題並非不公平或不相關，雖然我不喜歡，但仍須回答。行醫權如字面所示，就是一種特許權，而非個人權利。

當然，真正的危險在於那些臨床醫師（或事實上，在於那些政治人物、飛機駕駛、商人或其他能夠影響別人福祉及生活的個人），他們因為恥辱、害怕看診權被暫停，或擔心被醫學院、研究所、住院實習的醫院開除，而不願至精神科尋求治療。由於未接受治療或督導，許多人生了病，不僅危及自己的生命同時也危害他人的生命。經常有許多醫師為了醫治自己的情緒而酗酒或濫用藥物。罹患憂鬱症的醫師自行開抗憂鬱藥物服用的情況並不罕見，其結果有時會造成重大傷害。

未接受治療的醫師、護理師及心理學家會對他們所診治的病人帶來危險，而醫院和專業組織也必須承認其程度究竟有多嚴重；相對的也需鼓勵有效的治療，且制定安全保障指導原則，以及明智、非家長式的統治督導。

未治療的情緒失調不僅為病人帶來危險，同時也危及醫師本身。每年有太多醫師自殺，其中許多都非常優秀。最近一項研究總結道，直到最近為止，美國每年光因自殺，就損失了相當於醫院中型課堂人數的醫師。自殺的醫師大部分是由於憂鬱症或躁鬱症，而這兩者顯然是有辦法治療的。不幸的是，醫師患有情緒失調的比率不僅高於一般大眾，他們同時也更容易獲得極為有效的自殺方法。

醫師當然需要先治療自己，且他們也需要有效的治療，使他們能夠痊癒。他們所在的醫學及行政系統必須鼓勵治療，提供合理的指導原則，使他們可在適當督導下行醫，但這個系統絕不能容忍能力不足，或病人的照料受到危害。如同我的系主任喜歡指出的一點：醫師就是要治療病人，而病人絕對不應為醫師的問題和病痛付出實質上或醫療上的代價。我非常贊成他的觀點，因此在告訴他我正接受躁鬱症治療，並需要和他討論行醫問題後，我心中帶著恐懼，等待他回答。

我看著他的臉，想找出一些蛛絲馬跡。突然，他的手越過桌面蓋住我的手說：「親愛的凱，我知道你有躁鬱症。」他停頓一下，然後大笑：「如果我們開除醫學院內所有患躁鬱症的教員，我們的教員數量不僅會大幅減少，氣氛也會太過沉悶。」

生命之色彩

我很早以前就放棄了想要一個毫無風暴的生命，
或置身於沒有乾枯殺戮的世界。
生命太過複雜，太過不斷變化，
我們只能依著它原來的樣子。

如拜倫所說，我們每個人都是不同的組合。我們在自己的性格限制範圍內移動，實現其可能性的小小一隅。和躁鬱症共處三十年，使我日益察覺到它帶來的限制和可能性。孩提時看著高朗晴空充滿煙霧和火焰，所感受到的不祥、幽暗和死一般的特質永遠存在，而且以某種方式和生命的美麗及活力交織。那種幽暗是我的存在所不可或缺的部分，我不需努力想像就能憶起那些個月的暗無天日、氣力耗竭，以及教書、閱讀、寫作、看診與維持人際關係所需花費的可怕努力。隨憂鬱症蹤跡乍現而立即湧出的，是難忘的暴力影像、徹底的瘋狂、令人羞愧的行為，和對個人經驗而言極為粗暴的情緒，它們對別人的影響更殘酷得令人不安。

不過，無論這些情緒和記憶如何真實可怕，它們總會因為其他情緒和生命力的興高采烈而抵消。每當我感覺到一波燦爛充沛的躁狂熱情和緩來臨時，它的盎然生氣便將我帶回先前充滿強烈激情的時期，如同一個人因某種強烈的氣味而陷入深沉回憶中。躁症為生命經驗注入鮮明色彩，創造強烈敏銳的回憶心境。戰爭必定會產生同樣心境，而愛和早年回憶肯定也不例外。因此我以不安但盡情生活的過去，換取現在舒適安穩的存在，心中苦樂參半。

回首過往

過去有時仍會如海上女妖召喚我，即使已日漸稀少，但我心中仍存在一種充滿誘惑力的欲望，想要重拾早期的躁狂和熱力。我回首張望，感覺到那個性格強烈的小女孩，繼而是那個多變苦惱的年輕女性，她們仍然存在，兩人都滿懷遠大夢想和浪漫不安的希望。一個人應該如何才能重新捕捉那種強烈，或重新經歷通宵達旦跳舞的愉快感受，在星野間滑翔和沿著土星光環起舞，重新經歷那些稀奇古怪的躁狂熱情？一個人可有辦法召回那些充滿激情的漫漫夏日、紫丁香的氣息、強烈狂喜，和傾倒在花園牆上的杜松子酒，及狂放不羈的陣陣笑聲，一直持續到太陽東升或警察駕臨？

我對早年歲月仍有分複雜的渴望，或許每個人都難免如此。但由於生命中曾充滿強烈情緒，使這種感覺更加添了一抹近乎痛苦的懷舊。這讓人更難將過去拋在腦後，而生活有時則變成某種哀悼逝去情緒的輓歌。我懷念失去的強烈感受，我會下意識地想要捉住它們，如同有時我仍會把手伸向後方，想要感覺已經剪去的濃密長髮放下時的重量；就像情緒僅留痕跡一樣，仍然存在的只是一種虛幻的重量。這些目前的渴望大部分只是渴望而已，我並不覺得非要使這些強烈感覺再現；它的後果太過可怕、太過無從改變，而且太具破壞性。

理性與感性

然而，奔放強烈的情緒具有巨大的誘惑力，理性和感覺的古老對話，也幾乎總是以支持感覺這種較為有趣熱情的答案作結。較溫和的躁症好像能夠帶來（而且瞬間即逝地帶來）寒冬裡的春天，以及無與倫比的生命力。然而在白晝的冷光中，舊病復發的現實和毀滅性，總會抑制我再對那些從記憶中精挑細選、令人依戀、強烈又溫柔的片刻多加嚮往。

即使我現在可能會感受到某種誘惑，想降低鋰鹽劑量，重新捕捉這些情緒，但這種渴望很快就會被澆熄。因為冰冷客觀的現實使我了解，溫和的強烈情緒會迅速變得狂熱，最終成為無法控制的瘋狂。我實在害怕再度經歷病態的憂鬱，或狠毒的躁狂，其中任何一者都將嚴重破壞我的生活、人際關係和我認為最有意義的工作，因此我不會認真考慮改變目前的治療方式。

基本上，我對保持不發病抱著樂觀的態度。但我從許多不同的觀點了解我的病，知道對未來將如何發展仍須聽天由命。因此，當我參與躁鬱症治療新方法的演講時，我知道自己的興趣絕不僅限於專業知識。我在其他醫院實施醫療講座時，經常會要求參觀他們的精神病房，看看他們的隔離病房和電痙攣治療室，逛逛醫院的庭園，自己在心裡打分數，考慮如果要住院時，應該選擇哪間醫院。我的腦中總有某部分抱著最壞的打算，而另一部分則相信，如果我有萬全準備，最壞的情況就不會發生。

多年和躁鬱症循環的劇烈變化為伍，使我變得更達觀、更有準備，而且較能處理必然的情緒和精力起伏，這是我服用較低劑量鋰鹽的自我選擇。我完全同意艾略特聖經傳道書式的信念，即凡事都有定時，建造有時，而「風吹破鬆動之窗玻璃亦有其時」。因此，雖然我仍相當受制於精力、意念和熱情如潮水的起伏，但現在我已較能在其間優游自如。

我的頭腦有時仍像個充滿燈光、歡笑、聲響及可能性的嘉年華會。這種歡笑、縱情和自在充滿我的身心，溢出後再流向他人。這些閃亮燦爛的時刻會持續一會兒，一個短暫的時期，然後繼續前進。我知道高昂情緒的大希望瞬間乘在摩天輪頂端，但如同來時一般，它們亦將驟然墜入幽暗、陰沉和疲倦堆中。時間會過去，這些情緒會過去，我最終仍將會再度回復自我。但不知何時後，這令人興奮的嘉年華會又將在腦中出現。

內在的海堤

這些來來去去，這樣的恩典和無神存在早已成為我生命的一部分，因此狂亂的色彩和聲響現在已不再那麼怪異和強烈，隨之而來的幽暗和陰沉同樣的也不再那麼漆黑嚇人。「星辰下，」梅爾維爾曾說道：「是怪物滑翔的天地。」但隨時光流轉，一個人已經碰過許多怪物，對未來還會碰到的就漸漸不會感到那麼害怕。

儘管過去的夏季躁症仍繼續出現，但其恐怖已大都不再，其先前的美無倫比和燦爛感覺也已黯然失色；因時間而沉滯，因長串令人心力交瘁的經驗而緩和，因藥物作用而屈服。現在，它們在每年七月短暫地合併陰鬱情緒和高昂熱情，偶爾還有些危險，但是它們同樣也會過去。經過如此經驗洗禮後，一個人對於死亡和生命會產生較全面的感覺。曾經時常聽到且深信不疑的是但恩的鐘聲輕柔敲著：「你必將死亡。」這使得一個人更深刻地生活，帶著急迫和感激。

我們都在建構內在的海堤，使生命的悲哀和腦中那令人透不過氣的力量無法逼近。不論我們如何進行，是經由愛情、工作、家庭、信仰、朋友、否定、酒精、麻醉藥還是藥物。我們一石一石地築堤，終身如此。其中的一個問題，就是將這些屏障建得夠高夠堅固，成為一處真的港口，一間遠離混亂和痛苦的避難所；但又必須夠低而且可以通過，才能引入新鮮海水，避免水質過鹹。像我這種擁有如此頭腦和情緒的人，藥物是這座堤不可或缺的要素，失去它，我便會時時受到心靈海洋的沉重衝擊，無疑將走向死亡或瘋狂。

但愛情對我而言是防波堤最終更不平凡的部分，愛幫助我將恐怖可怕關在外面，同時讓生命、美和活力得以進入。當我動念寫作本書時，我設想它是本有關情緒和某種情緒疾病的書，並以一個人的生命為背景。但我完成它之後，它好像也變成一本有關愛的書；愛情做為支撐者、更新者，以及保護者。我的頭腦和心靈遭遇每次近乎死亡的經驗後，愛情總是返回重創希望和重建生命。愛情的極致使生命中與生俱來的悲哀較易忍受，使生命之美充分流露。

我很早以前就放棄了想要一個毫無風暴的生命，或置身於沒有乾枯殺戮的世界。生命太過複雜，太過不斷變化，我們只能依著它原來的樣子。我的本質過於多變，對任何嘗試要控制基本上無法控制的力量所造成的極端不合情理，只能留心提防。驅迫、令人不安的要素總是存在，它們會一直在那裡，直到如羅威爾所形容的，手錶被人從手腕上拿下為止。

最後，各個焦躁不安、黯淡淒涼、具有強烈說服力和瘋狂熱情的時刻，構成一個人的生命，改變一個人工作的性質和方向，賦予一個人的愛情及友誼最終之意義和色彩。

尾聲

我曾看到自己頭腦和心靈的寬度、深度和廣度，
並看到它們是如何地脆弱，
而且最終是如何地無法測度。

我經常問自己：如果能夠選擇，我願不願意有躁鬱症。如果我無法獲得鋰鹽，或它對我無效，那麼答案就是簡單的三個字——不願意。而且這是個交織著恐怖的答案。不過鋰鹽對我確實有效，所以我想我還可以提出這個問題，而且奇怪的是，我想我會選擇有躁鬱症，原因複雜。

憂鬱症的可怕，非言詞、聲音或影像所能形容，我不願再重新經歷一次長時間

的憂鬱症。因為多疑、缺乏自信和自尊、無法享受生命、無法正常走路、說話、思考、筋疲力竭、夜間的恐怖、日間的恐懼，憂鬱症使人際關係逐漸失血褪色。它沒有任何好處，除了會讓你體驗年老、衰弱、步向死亡，體驗到頭腦遲鈍，體驗到缺乏優雅、潤飾和動作協調，體驗到醜陋，體驗到不相信生命的可能性、性愛的愉悅、音樂的精緻和能使自己及他人發笑的能力。

生命的極限

有人表示他們了解憂鬱症的情況，因為他們曾經歷離婚、失去工作，或與某人分手。但這些經驗都帶有感情，而憂鬱症則是單調空洞，令人無法忍受，同時也令人厭倦。當你有憂鬱症時，別人會受不了待在你身邊。他們也許認為應該陪你，甚至嘗試如此，但你們彼此都知道，你單調乏味得令人難以置信。你易怒、偏執、毫不幽默、無生氣、吹毛求疵、頤指氣使，任何保證都無法使你滿意。你受到驚嚇，你自己也令人驚恐，你一點都不像原來的你，而且你知道自己永遠不會恢復。

那麼我為何還想要和這個疾病有任何牽扯呢？因為我真的相信，由於躁鬱症使我感覺到更多事物，感受更加深刻，擁有更多經驗，體會更為強烈，愛得更多，也接受更多的愛；因為更常哭泣而較常歡笑；因為曾經歷過所有的冬天，而更能欣賞春天；抱著死亡「如勞動布褲般貼身」，因而更了解它和生命的意義；看到人類最良善和最恐怖的一面，並且慢慢學習關心、忠誠和度過難關的價值。

我曾看到自己頭腦和心靈的寬度、深度和廣度，並看到它們是如何地脆弱，而且最終是如何地無法測度。憂鬱症發作時，我曾為了要穿過房間，而用手和膝蓋在地上爬，數月如此。但正常或躁狂時，我曾比大多數我所認識的人跑得更快、想得更快、愛得更快。我想這大都和我的病有關——它所賦予事物的強烈性和它迫使我持有的觀點。我想它使我測驗了頭腦（儘管不盡完美，卻也能留住事物）的極限，以及我的教養、家庭、教育及朋友之極限。

無數的輕躁狂症和躁症本身帶給我生命不同的感知、感覺和思考層次。即使當我精神極為錯亂（幻覺、幻像、瘋狂）時，我仍發現到頭腦和心靈的新角落。這些角落的奇妙、美麗與令人屏息，使我覺得當下就能結束生命，但這些影像將會支撐我。有的角落則鄙俗醜陋，我從來不想知道它們的位置，也不想再看到它們。但新的角落總是存在，當重新感知自我時，我無法想像對生命感到倦意，因為我知道有那些無邊無際的角落，將呈現永無止境的風光。

謝詞

如果沒有朋友、家人和同事的支持，寫作這樣一本書難如登天。當然，如果沒有丹尼爾・歐爾巴赫（Dr. Daniel Auerbach）醫師多年來卓越的醫療照顧，本書也不可能完成。從各方面而言，他都是個優異且深富同情心的醫師。我不僅感謝他讓我重生，同時也在我的臨床教育上扮演了重要的角色。

影響我決定公開自己的躁鬱症，厥功甚偉的則是法蘭西絲・黎爾（Frances Lear）。她是個老友，大力支持我的工作，也一直鼓勵協助我推展倡導精神健康的工作，而且產生重要的影響，使我決定寫這本書。她支持並相信我的工作，對我過去八年來所從事的工作是個重要助手。

另外一些朋友對我非常重要。我深深感謝大衛・馬洪尼（David Mahoney）的支持、許多長而受益良多的會議，及珍貴的友誼。安東尼・史多爾（Anthony

Storr）醫師是我一生中最重要的人物之一，我非常感念他和我之間的關係。露西・布萊恩（Lucie Bryant）和傑洛米・瓦列茨基（Jeremy Waletzky）博士都是多年好友，他們極為仁慈，不吝支持。

約翰・諾維契（John Julius Norwhich）一直鼓勵我更公開地討論我的躁鬱症，不斷強調他相信寫這本書會對我產生好的影響，而我所提出一切關於個人隱私的論點也被他以應該直言不諱的有力理由擊退。他一直是個不可多得的朋友，我感謝他的說服。

彼得・薩克斯（Peter Sacks）是一位詩人，也是約翰・霍普金斯大學的英文教授，他讀了本書所有草稿，提供許多寶貴建議，給與我極為需要的鼓勵。他在我的書上花了很多時間和關注，使我感激不盡。

其他幾位是多年友人，其中多位也很幫忙地讀過最初的手稿：詹姆士・貝倫格（James Ballenger）博士及夫人、羅勃・布爾斯汀（Robert Boorstin）、哈莉爾特・白瑞克（Harriet Braiker）博士、雷蒙・波羅（Raymond De Paulo）博士、安托尼羅和克利斯汀・費那（Antonello and Christina Fanna）、羅勃・蓋羅（Robert

Gallo）博士及夫人、羅勃・葛納（Robert Gerner）博士、麥可・吉特林（Michael Gitlin）博士、凱瑟琳・葛里漢（Katharine Graham）女士、絲丹莉・侯爾（Steny Hoyer）女士、查里和葛溫妲・海門（Charles and Gwenda Hyman）、厄爾和海倫・金賽（Earl and Helen Kindle）、阿瑟納西歐・庫可普羅斯（Athanasio Koukopoulos）博士、亞倫和漢娜・帕庫拉（Alan and Hannah Pakula）、芭芭拉・派利（Barbara Parry）博士、羅勃・波斯特（Robert Post）博士及夫人、維克多和哈莉爾特・波提克（Victor and Harriet Potik）、諾曼・羅森薩（Norman Rosenthal）博士、威廉・斯費爾（William Safire）、史蒂芬・史密斯（Stephen Smith）、寶拉・斯托艾索（Paula Stoessel）博士、普爾・維斯特爾加（Per Vestergard）博士、詹姆士・華生（James Watson）博士及夫人、和羅勃・溫特（Robert Winter）教授。

在洛杉磯那段非常艱困的時期，羅勃・法桂（Robert Faguet）博士是個難得的友人，在無比黑暗的日子裡，他一直照顧著我，充滿善意和機智。我的前夫亞倫・孟羅（Alain Moreau）在那段時間也極為仁愛忠誠，我感謝他一直和我維持密切的關係。

費爾瑞克・希佛斯（Frederick Silvers）、嘉柏利・卡森（Gabrielle Carlson）、瑞吉娜・派利（Regina Pally）博士以不同的方式協助我度過那些漫長可怕的月分。其後當大衛・羅瑞去世時，幾位英國人士非常仁慈，他們多年來一直是好友：安東尼・達靈頓（Anthony Darlington）上校及夫人、詹姆士・韓德森（James Henderson）上校、故唐納・史都華（Donald Stewart）准將，其夫人瑪格莉特（Margaret）、伊安和克莉斯汀・蜜爾（Ian and Christine Mill）。

我在霍普金斯大學的系主任保羅・麥克福（Paul McHugh）博士非常支持我，之前我在加州大學洛杉磯分校醫學院時，系主任路易・魏斯特（Louis Jolyon West）博士也是如此。我在個人及學習方面都深深受教於安德魯・孔瑞（Andrew L. Comrey）教授和故威廉・麥克葛羅塞林（William H. McGlothlin）教授，他們兩位是我大學及研究所時的良師。我的學生和病人們也讓我學到許多。

我和許多人一樣，對出版家爾文・葛萊克斯（Erwin Glikes）的過世感到非常難過。他不僅是極聰明有智慧的人，也是我的好友。他曾出版我的書《瘋狂天才》

（*Touched with Fire*），我實在不能想像將這些非常私人的回憶錄託給其他人出版。幸好，我能和卡諾夫（Knopf）出版公司的卡蘿．珍納威（Carol Janeway）合作。她是一位理想的編輯：直覺強烈、絕頂聰明、機智，極力想要使這本書更完整、更好。和她一起工作非常愉快，是種享受。《混沌》（*Chaos*）一書的優秀編輯丹．法蘭克（Dan Frank），這次將其傑出的編輯能力用於另一種不大相同的混沌之上，協助建立本書的架構。和卡諾夫公司的同仁合作非常愉快。麥克辛．葛羅夫斯基（Maxine Groffsky）是位很好的文學代理人，他溫暖、活潑、投入、客觀並提供支持，我很高興爾文．葛萊克斯介紹我們共同合作。

感謝牛津大學出版社允許我使用一些材料，這些材料原為教學之用，後來以簡短的臨床描述片段納入我與他人合著的《躁鬱症》之中。威廉．柯林斯（William Collins）先生將我的手稿打字，他非常精確、可靠、令人喜歡而且聰明。

本書中，我曾提及一些家中的事，和一切有意義的關係都複雜難解，我不能想像選擇其他任何家庭成長：我的母親，黛兒．譚普．傑米森（Dell Temple Jamison）、我的父親，馬歇爾．傑米森（Marshall Jamison）博士、我的哥哥，狄恩．傑米森

（Dean Jamison）博士、我的姊妹，菲莉斯（Phyllis）、妲尼卡（Danica）和凱爾妲（Kelda）、我的嫂嫂，瓊安・萊斯利（Joanne Leslie）博士、我的姪子，朱利安和艾略特（Julian and Eliot）、我的姪女萊斯莉（Leslie）。

我至為感謝我的丈夫理查・懷爾特（Richard Wyatt）博士，他鼓勵我寫這本書，在其間支持我，化解懷疑和焦慮，讀過所有的草稿，並且提供許多我銘記在心的高見。我感謝他給與我一份持久、成長而且奇妙無比的愛。

文學人生 BLH121

躁鬱之心

An Unquiet Mind: A Memoir of Moods and Madness

作者 — 凱・傑米森 Kay Redfield Jamison
譯者 — 李欣容

總編輯 — 吳佩穎
責任編輯 — 周宜靜（特約）、陳怡琳
封面設計 — 吳佳璘
內頁排版 — 張靜怡、楊仕堯

出版者 — 遠見天下文化出版股份有限公司
創辦人 — 高希均、王力行
遠見・天下文化 事業群榮譽董事長 — 高希均
遠見・天下文化 事業群董事長 — 王力行
天下文化社長 — 林天來
國際事務開發部兼版權中心總監 — 潘欣
法律顧問 — 理律法律事務所陳長文律師
著作權顧問 — 魏啟翔律師
地址 — 台北市 104 松江路 93 巷 1 號 2 樓

讀者服務專線 — (02) 2662-0012 ｜傳真 — (02) 2662-0007；(02) 2662-0009
電子郵件信箱 — cwpc@cwgv.com.tw
直接郵撥帳號 — 1326703-6 號 遠見天下文化出版股份有限公司

製版廠 — 中原造像股份有限公司
印刷廠 — 中原造像股份有限公司
裝訂廠 — 中原造像股份有限公司
登記證 — 局版台業字第 2517 號
總經銷 — 大和書報圖書股份有限公司 電話／(02) 8990-2588
出版日期 — 1998 年 4 月 25 日第一版
2023 年 10 月 31 日第四版第 1 次印行

國家圖書館出版品預行編目（CIP）資料

躁鬱之心／凱・傑米森（Kay Redfield Jamison）著；李欣容譯. -- 四版. -- 臺北市：遠見天下文化出版股份有限公司, 2023.10
面； 公分. --（文學人生；BLH121）
譯自：An unquiet mind: a memoir of moods and madness.
ISBN 978-626-355-450-4（平裝）

1. CST：傑米森（Jamison, Kay Redfield）
2. CST：躁鬱症 3. CST：傳記 4. CST：美國

785.28 112015661

定價 — NT 400 元
ISBN — 978-626-355-450-4
EISBN — 9786263554559（EPUB）；9786263554542（PDF）
書號 — BLH121
天下文化官網 — bookzone.cwgv.com.tw

天下文化
BELIEVE IN READING